粋に生きるヒント

石倉三郎

KKロングセラーズ

前口上

僭越ながら、わたくし、石倉三郎がしばし語らせていただきます。

わたしは貧乏な家に生まれた。そらもう、スタート時点としては最悪よ。学校の給食費だ、PTA会費だ、修学旅行の積立金だ、その他諸々、ろくに払えなかったんだから。けどね、今のご時世のように、金があるのに払わないという輩が多いのは一体どうなってんだ? そいつら纏《まと》めて佃煮にしたいね。尤《もっと》も、食えたもんじゃねーだろうけど、世も末だね。今の日本、あっちもこっち世も末だらけだから、もう驚くのが時代遅れ。ね、そうでしょ。

わたしの父親ってのは、まぁ、ボンボン育ちの長男坊で世間知らず。それでも、大阪時代は祖父《じい》さんとで何人かを使って料理の仕入屋をやっていた。それも船場かなんかで。だから、わたしの一番上の兄貴なんかは、小学校時代は、何と皮靴を履いて行っていたそうな。いい羽振りだったんだなぁ。それが例の戦争で、所謂《いわゆる》、昭和二〇年の大阪空襲で焼け出されて、小豆島という所へ疎開。これがケチのつき始め、そこで、私が生まれて……。親父はオレによく言っていたね。ホンマにお前は貧乏の申し子やなぁと。

終戦ですぐに大阪に帰ればいいものをモタモタしている間に、土地なんてのはどこかに行ってしまい、祖父《じい》さんは亡くなり、島でウロウロ、失体事業（失業者対策事業）で山に行って、道路かなんか作ってたのかなぁ。慣れぬ土方仕事で帰って来ちゃぁ酎を飲んで、オフクロに当たり散らす。ところがこのオフクロ様が黙ってりゃいいもんを土佐生まれのハチキン女、殴られようが蹴られようが、口答えする。それを見ている僕ちゃん・石倉三郎。

これが、わたしの物語のスタート時点だ。お話としては極上のスタートだろ。本人にしてみりゃあ、しゃれにならない。給食費くれよ。「今月の給食費、三郎は払ってません」と担任の先生が言う。どれくらい恥ずかしいか想像がつくかい？　そんなせいで心がちっちゃくちっちゃくなってしまった。恥ずかしいからさ。恥ずかしい、恥ずかしい。なんでうちだけ？　なんでオレだけ？　可哀想なことになぁ、子供の頃は親を恨んだよ。わたしは人間を創るのは環境だと思う。

人には、天賦の才のあるやなしや、ということがあり、人それぞれの性格というものがある。しかしな、天賦の才は置いておいて、性格というのは身を置いた子供時分の環境の中で形作られていくものだよ。そして、生まれ落ちる場所という環境だけは、これは己で選べない。偶然の産物だ。これがすべての人間が生きる話の出発点だ。

そうすると「自分でなんとかせぇ！」と言うより他はない。要は、何に揉《も》まれ、何に傷つけられ、何に護《まも》られ、何が護ってくれず、何を得て、何を失い、どうたくましくなって、世の中と折り合いをつけて、ここに己ありと人様に気づいてもらいながら日々過ごしていくか。過ごすだけの金を得て、友を得て、時には己のために楽しみ、時には人様のお役に立ち、人生という名の壮大なひま潰しをしていくかというだけの話なんだな。

古今東西、どんな環境に生まれ落ちたか、ってのは誰しも選べないんだから。文句を言うにも相手がいない。

わたしはたまたま、親に護ってもらえず、また、俳優になりたいなんて大それた夢を持ったものだから、生きてきたその多くを自分で考えながら、戦いながらやっていくことになった。いま思うとだ。役者になるまでに、どんだけ別の商売を右往左往したものか。常に野戦だった。野戦食を食って、野戦病院で傷を癒し、死なないように弾丸を避けながら、ある時は撃ちながら、この浮き世をツイーっと流れて来たみたいなもんだ。

道中、様々な人に出会って来たし（それは、いまこれを読んでくださってるあなたもそうだと思うよ）、そのたびに、浮き世のあらを知り、物事の芯を教わり、気づきしてきた。まぁ、おかげさんで還暦も過ぎ、いまなんとか俳優として生き永らえていることもあり、それも楽しく、この楽しくが重要よ！　ってしてるわけだが、それを一回、恥ずかしながら語ってみようというのがこの本だ。

人間なんて本来無一物じゃないかよ。これ「ほんらいむいちもつ」と読むんだよ。もともとなんでもありゃしないから、埃《ほこり》すら積もらない、だから拭う必要もないという仏教の教えなんだが、本来無一物のはずの存在が、ホモサピエンスが、どうクネクネと格闘しているのかを見てきた。あるいは、わたしだってそのひとり。

（わたしの友達にさる名刹《めいさつ》の大僧正がいるんだ。そんな仏教のお偉い人とわたしに交友があるっていうのも不可思議な話だろ。彼はすごい。彼と語っていると面白いぞ）

わたしみたいなもんにとっちゃあ、人生はかんたんなんだ。男もかんたん。女もかんたん。

なんでこんなに世の中が見えているんだろうか、と自分でも思うよ。どうだい、この思い上がり。周りの人間がむずかしい、でも、むずかしいというのを重ねて聞くから、余計そう思うようになった。子供の頃から、早見え三郎、だったんだ。そんなふうに言われたことは一度もなかったけれど、いま振り返ると、それ以外の表現が思いつかない。

てなわけで、わたしに見える「世の中の寸法」を書いたこの本が、手に取っていただいたあなたの人生のひとときのひま潰しになりゃあ、それで大満足。結構毛だらけ猫灰だらけ。あとは鼻紙に使ってもらっても焚き火に使っていただいてもかまやしねぇよ。たいしたことなんて書いてないんだから。ちょっくら紙とインクを使わしてもらっちゃったけど。あとは、どうぞご随意に。それではチョーン！

第一部　運

第二部 腕

第三部　恥

編集協力——輔老 心
写真提供——「つむぐもの」製作委員会

第一部 運

わたしは運がいい。すごくいい。人の何倍もいい。
そう思うんだが、人間なんて長くやってりゃ、
誰もが、たいがいそう思うもんじゃねぇのかね?

寸法01 「棚からぼた餅」は、落ちる場所に居なけりゃなんない

俳優として、映画に出たり、テレビに出たり、舞台に上がったりする。すると、わたしを知ってくれる人が現れる。ま、この商売をやっていたら当たり前のことなんだがね。すると、道を歩いてたり、外で飯を食ってたりすると、「サインをしてくれませんか?」なんて場面がある。

色紙にサインすると、

「名前を書いていただけますか? ……それと、できれば、ひとこといただけますか?」

これが必ずワンセットでやってくる。時間がありゃ、「あぁいいよ」って書く。いつも書くことは決まっていて、三つあるんだけど、ひとつは「棚からぼた餅」よ。これが、人生の方針よ。いや、いい言葉だねぇ。もう人生の名言ナンバーワンだな、これが。

一応、説明しておくと「ぼた餅」ってのは、要は「おはぎ」のことだよ。もち米の周りにあんこがついてるアレ。

春の牡丹の季節に食べると「ぼた餅」、秋の萩の季節に食べると「おはぎ」。日本人の言葉遊びの感性には、ときどき、ハッとするね。すばらしすぎて。

ちなみに、夏は「夜舟」冬は「北窓」っちゅうらしいよ。理由は餅とはいえ、ペッタンペッタンつくわけじゃないから、作るときに音がしない。いつ餅をついたかわからない＝いつ船がついたかわからない＝夜の舟、となったとさ。冬は同じく、餅つき知らず＝月知らず＝冬は北の窓からは月が見えない、と。ただの食いしん坊だけじゃあ、人生つまんない、ホントに。

そこでな。「棚からぼた餅」って言葉の意味は、ボーっとしてるのにいいことが向こうから勝手にやってくる、みたいなことだろ。

じゃ、どうやったら、「棚からぼた餅」に出くわすのか、考えるか考えないかが境目だ。ふつうは考えない？　わたしゃあ、そこを考える。ただ突っ立ってるだけで出くわすか？　それじゃあ一生、ぼた餅なんて落ちてこないよ。確率を考えなさいよ、ってことでな。

ぼた餅に当たる方法、その肝心なところってのは、てめぇが棚の下に立ってなきゃなんねぇってことだよ。それも、ぼた餅が乗っている棚の下に。最低限、そこまでは自力で足を運ばなきゃ、アナタの一生には「棚からぼた餅」は起こりません。とまぁ、これは深ぁい教えじゃないかよ。

目があるんだからよく見て、耳があるんだからよく聞いて、足があるんだから棚の下へ行け、とまぁ、こういう話でね。そこからすべてが始まるのよ。目も耳も開いてくるってわけだよ。

これがなんてことはない、自分が一等、アテにしていることだよ。

もうわたしなんか完全なる「棚からぼた餅人生バンザイ」でね。ポッカーン。「痛ぇな、コラ」と見上げたら、てめぇの頭に当たってるのがぼた餅だったたってことの連続よ。それも要所要所で。もっと言うなら、上向いて、口開けてパクッ、よ。

高倉健さんだろ、坂本九さんだろ、コント・レオナルドだろ……、ぼた餅が落ちやすそうな頭の形をしてるんだろうけれど、自分でも不思議でね。でも、不思議で済ますと、アイツはラッキーなヤツだ、で話が終わっちゃうからな。終わってもいいんだけど。

やっぱり、「ぼた餅頭上取り」の型みたいなのができているわけだよ。「真剣白刃取り」みたいな感じよ。それをおいおい書いていくから、ここでは次に行く。

寸法02「濡れ手で粟」は、まず冷たい水に手をつけるところから

色紙に書く言葉でもうひとつがこれ、「濡れ手で粟」。

いいじゃない、濡れ手で粟の人生、最高だろ？　意味はさすがに知ってるでしょ。桶に入った粟をつかむときに、手を濡らしておけば、粟粒がたくさんくっついてくる、って話でさ。要は、骨を折らずにいい思いをする、ってことわざだ。イケイケな感じがするよな。

なんだけど、一方で、他人に対してやっかみが起こったときに使われたり、なんだかズルして不相応な実入りがあったときに使われる言葉のニュアンスもあるわな。

それをわざわざ色紙に書いてやる。なぜそんな発想が？　って話でしょう。

「濡れ手で粟」ってのはイケイケなだけじゃなくて、実はとっても合理的な話でね。ひと行動、起こすときに、頭を先に回しておけばいいだけ、ってことなんだよな、とわたしは解釈しちゃったわけよ。そうすれば、「同じアクションで、返りがデカい」って教えだろ

う、と。

濡れ手って一口に言うけれども、実際、手を濡らすのは冷たいわけだよ。冷たい水に手をつけるのは、ふつうは嫌なわけだろ。誰しもが厭《いと》うわけだ。このことわざの肝《きも》はそこんところだよな。だけど、粟の入った桶からすくう前に手を濡らしたヤツがいるってことだよ。だから、そいつは、「濡れ手で粟じゃねーか！」と非難されるんなら、「だったら、冷たい水に手をつけてみろ！」と常に反論できるってわけでね。

冷たい水に手をつけるって行為がなにを指しているかといえば、これは「下準備」って話ですわな。「仕込み」ってことだろう。わたしは料理をやるけれども、食い意地が張っていて、とにかく早く食いたいもんだから、いや、いま腹が減って、すぐなんか食べたいので料理をわざわざするわけだから、段取りが早くないと嫌なのよ。チャッチャッと、サッサッとできてしまいたい。

段取りをよくするためにゃ、行動を始める前に、まず頭を回さなきゃならんね。この手順でこれをやって、だったら、先にこれを仕込んどいて、と策を巡らせる。「濡れ手で粟」は、言ってることは、結局それと同じことだよな。

ま、サイン色紙に「濡れ手で粟」って書かれた向こうさんは、キョトンとするか、ワハハと笑うか、どっちかだよ。たいがいな。でもこっちにゃあ、深ぁい思いがあるってこと。最初に、世間のなかの誰もがやんないなかで、自分だけは冷たい水に手をつけとけって。それが「濡れ手で粟」の初手《しょて》というものだろう。むしろ、世間がやんないんだったら好都合、こっちは一足先をやってるってことだろう。

　おもしろいじゃないか、その目の付け所は、って話だよな。

寸法03 「果報は寝て待て」、人間は七味の瓶だ

　三つ目は、「果報は寝て待て」だよ。いやいや、「果報は練って待て」か？　いやぁ、これまたしびれる言葉なんだよ、これが。というのは、ふつうの肝っ玉じゃ寝れないんだよ。待てないんだよ。ここに気が付くのが一番時間がかかったかもわかんねぇな。昔っから「役者は待つのも仕事のうち」という言葉があるんだ。

　基本的に役者というのは、陳列棚に並んでいる七味唐辛子の瓶みたいなもので、スッと手を伸ばして取ってもらわないうちには仕事が始まらない。隣りの瓶を取られちゃうとは

まっこと残念なことだよ。しかし、取るヤツに文句言っても、恨んでもしょうがあんめぇ。目が曇ってる!……叫びたい気持ちはわかるが、それを世間では負け犬の遠吠えというだろ。

己でできることはといやぁ、せいぜい、頭の埃は自分で払っておくことぐらいだ。埃が積もった瓶に誰も手を伸ばさないことぐらいはわかるだろう。きれいにしておく。まぁ、それっくらいはやってみろよ。それができねぇと一生、棚に残ったままだよ。役者に限らず人間みな、こんな感じだろう。てめぇの埃をてめぇで払っておく。つまり、〝練って待つ〟のよ。

このな、じっとしてることってのは、人間なかなかできない。黙ってろ!　おとなしくしてろ!　これができないんだよな。すぐに口を開いちまう。ごそごそがさがさ、ろくでもない無駄な動きをしやがんだよ。そいつに釣られて隣りもごそごそがさがさ。埃ばっかり立てまくって。まったく粋じゃないよな。そこをどーんと寝てりゃあいいのよ。

「誰かが見てござる」とつぶやきながら。

己という七味瓶が人様の目に止まんなきゃあ、はい、それまでよ。それは仕方がないだろう。諦めが肝心だろう。そもそも、自分がたいしたもんでもないわけだから。そうなると、己の趣味の世界と家庭で生きりゃあいいんだから。

だいたい、自分がすごいと思っているのは、この世に自分しかいないんだよ、基本的には。それを他人様にすごいと思ってくださいという願望は、そりゃあ手前だけの小さな世界の都合だけのことであってね。

誰もがものすごい天賦の才があったり、ずば抜けたＩＱを持っていたりするわけじゃあないんだから。そんなもん、親の顔と鏡を見ればわかるだろう。このわたしだって自分のことわかるよ。でもなんかあんじゃないか？　いやオレなんかにねーよ、そこをブーラブーラと振り子みたいに行ったり来たりしてるってのが人間よ。ホモサピエンスよ。

となると、棚に立ってる瓶でいいんだよ。謙虚になるんだよ。

そうすっと、棚に立ってるあいだ、ひまじゃねぇかよ。寝とけよ。待ってろよ。まぁ待ってるあいだに何をするかは、そりゃあ各人の自由だよ。頭の埃を払ったあとは、機を見るに敏で策を練ってる手もありゃぁ、「どこに出してもすげぇわ」と言われる力を蓄えてる手もあるだろうよ、って話でさぁ。あとは「誰かが見てござる」よ。

わたしがやってきたことは、「濡れ手で粟」と「棚からぼた餅」と「果報は寝て待て」、ただそれだけよ。石倉三郎の三大法典よ。そこが、浮き世を往く要諦《ようてい》ってヤツだろうなぁとわたしは信じてる。だから色紙にありがたい言葉として書いてやるんだ。

さて、これだけ書いておけば、この本に書くことはすべて終わりみたいなもんなんだけどね。始まったばっかりだけどさ。あとはまぁ、言ってみれば長い長い余録だよ。

寸法04 実力と書いて運と読む

だいたい、世の凡人ってのは、「運」ってものが己の外側にあるって思ってらっしゃいまさぁね。これが不思議と思ってるんだよ、誰しも。己は己、なんだか皮膚の内側にあってさ、「運」はどっかしらの空気中にあるんだろう? みたいな感覚だろう。こればっかりは、はっきりと言えるが、わたしの知ってる限り、ないからね。「運」が空気中にあった試しなんてないよ。

それじゃドコにあんのよ、と問われれば、右でも左でも腕を出して、パン、パン、と。そこよ。そこに「運」はあるのよ。運は実力のうちってことだよ。わたしは「実力と書いて運と読む」と常々言っているんだ。

　わたしが知る限り、駄目なヤツほど、「運」のせいにする。イケるヤツほど謙虚だから「運がいいんだよ」と。世の中、そういうこと。なんでそんなことに気づかないかなぁといつも首をかしげるんだけどね。


「運」ってことを表現するのに、いつ誰がこの漢字を当てたかは知らない。でも、そいつはセンスあるよ。なんたって「運ぶ」って字を当てやがったもんだからね。そうすっと、わたしみたいなもんは、「そうか、ただ、運ばれればいいんじゃない」って思うじゃないか。「呼ばれた？　なら往《ゆ》くわ」って単純な話じゃないか。つまり、〝運ばれるさま〟を「運」という。足の運び、体の運び、心の運び、それが「運」の正体なんだよ。わたしにゃ運がある。あぁあ、そうさ、人様の何倍も運があるよ。だから、今の地点まで運ばれてきた。運ばれるのも実力のうち。運のないヤツぁ、運ばれない……ってわけなのよ。

　ってことはだよ、運がないヤツぁ、今度は運ぶ側に回ればいいだけの話なのよ。誰かをどっかまで運んでやりゃあいいのよ。命を運んだり、運ばれたりが、みんなが大好きな「運命」ってヤツでしょうが。あらら、ちょっと話がキマりすぎちまったかな。

わたしの運ばれ人生で一番の出会いはやっぱり高倉健さんとの邂逅《かいこう》だろうな。健さんのお引き立てで今の自分があると言っても過言ではない。その話を書いておこう。

俳優になりたいと思う少年が大阪から東京に出てきたとき。最初に住まわったのは大久保という町でね。そこのあんこ屋でアルバイトをしながら、親に仕送りをしながら、どこの劇団を受けてやろうかという日々を送るんだ。ただし、だいたい、どこの劇団も高卒以上、という受験規約があった。

芸の世界で学歴というのも考えてみりゃあ、おかしな話だろ？　こっちは学力なくとも一発逆転があんじゃないか、って目指してる動機ってものがあるんだから。はてさて劇団ってなんなの？　ともう疑心暗鬼よ。とは言っても、ルールはルール。こっちが高校を出てないのは事実なので、「そんなものは知るかっ！」という強い気持ちと「やはり、オレには無理なのだろうか？」という不安な気持ちが入り交じって過ごすわけだよ。罪な話だよな、世間の風ってのは。人をますます小さくするんだよ。

あるとき、バイト先のあんこ屋のおばはんがだな、「三郎ちゃん、そんなに役者になりたいんだったら、青山に行けばいいんじゃない？　あそこは有名芸能人がウヨウヨいるから」と言うのよ。ウヨウヨいるからったって、そんなモン、何の関係もネェーじゃない、バカじゃネーカ、なんて心の中で思いながらも、まあ日曜日は休みだから、物見遊山で行くかと。それでトコトコ出かけたワケよ。

当時、青山は芸能界村といった風情でね、有名人が多数暮らしていたんだよ。「さよか、じゃあ」ってんで、青山に初めて行ってみる。さっそくフットワーク軽く、ぼた餅がありそうな棚の下へ行ってみるわけだ。

で、ウロウロ歩いていたら、何ンか、こじゃれたスーパーマーケットがあって、行くと、入口にそれこそロスアンジェルスの歩道に埋めてあるスターの手形とか足形。あれを真似て、日本の有名スターの手形が入口の壁一面に埋め込んである、その横に従業員急募の張り紙。ヘェー、よし、おばはん達とあんこ練るよりいいかってんで、中二階の事務所に行ったら、なんとまぁ奥に石原裕次郎さんがいるわけよ。本人さんよ。「おいおい、本物がいるぜ」なんて田舎青年は驚くわけだ。裕次郎さんとオーナーが友達でね。「人の話には乗ってみるもんだな」と思ったよ。いいですか？　いきなり裕ちゃんですよ。

そんなこんなで、わたしはスーパーマーケット、ユアーズのレジ打ちのバイトを始めるんだ。そして、明るく楽しいレジ打ちの子ということで、ちょっと顔が売れてくるんだ。オーナーにも気にいられてな。その頃のエピソードをひとつ挟《はさ》むと、肉屋と魚屋との大喧嘩ってのがあってな。

月に一度の棚卸しの日は、「好きな食材を食べていいよ」というお墨付きをもらっているわけよ。それはいつも金がなく、ピィーピィーしてる当時のわたしにゃ大いに助かったよな。ある日、ソーセージやらハムやらをいただこうとしたら、そのマーケットに入っている肉屋が血気盛んに包丁持って立ってんのよ。

「こら、テメー‼　なにやってんだ‼」この言い方にカチンときた。

「なにやってんだも、かにやってんだも、あるかい。ハムをもらうのよ」

「なんだと、こら〜」

「なんだと、とはなんだこら〜」

みたいになって、包丁対裸一貫よ。わたしゃそんなの怯《ひる》まないからね。ドーンといって一発よ。わたしの武器は暴力じゃなくて、気合いだから。魚屋でも同じようなことがあってさ。まぁそんなこんなで、その店を結果的に牛耳っていたわけだな。

休憩時間によく行っていた喫茶店が「ＶＡＮ」ってとこでね。そこに健さんがたびたびいらっしゃってた。いや、とにかくカッコ良かった。なんたって、いい〜〜男！

その健さんもお客様なら、オレも客。店の子に、

「健さん、どのコーヒー飲んでんの？　オレも同じの頂戴！」

なんてね。とにかくね、小豆島や大阪で狂ったように観ていた映画。その中でも極め付きの二枚目。その高倉健さんが同じ店にいて、同じコーヒー飲んでる。こりゃ、憧れるわな、東京って処に。

今だから話すと、これが笑っちゃうんだけどさ、わたし自身、それまで自分がチンピラみたいな喧嘩生活していたわけだよ。「こんなさ、健さんや裕ちゃんが演じるような強い男がいるわけがねぇよ」なんて思ってるくらいでさ。「あんた強いらしいねぇ」みたいな皮肉を込めた目で眺める……、まさにチンピラみたいなもんだよな、こっちは。ツッコミどころが、おっかしなことになってるわな。

それで、あるとき、健さんが大阪やくざの役をやった映画があってさ。そのときに、「サブちゃんって関西だったよな。関西弁のイントネーションってのは難しいよね〜、ちょっと観てきてくれる？」

って映画の切符をもらったことがあった。大スターご本人直々にだよ。そりゃあ、これは背筋が伸びるよ。ビビッたよ。

「へいっ」てんで、次の日に観に行って、また健さんに会ったとき、

「どうだった？」

「やっぱり関西弁はむずかしいですね」〈エラっそうになあ、こういうのを身の程知らずの大馬鹿者という〉なんて会話をしているわけ。

「そういや、サブちゃんは何をやってる人なの？」

「ユアーズってスーパーマーケットでレジ打ってます！」

なんてやってたら、喫茶店の人が、

「サブちゃんは役者を目指しているのよねぇ」

と要らぬことを告げる。

「そうか、役者になりたいのか？」

「え！　イヤ、その何です、そのまあ……」

「じゃあ、東映においでよ。僕が紹介してあげるよ」

「いや、そんな……いいですよ」

「東映で映画に出ながら勉強すればいいじゃないか、そうしなよ」

その日、わたしは喫茶店の人にすごく怒られた。

「あんた、健さんがあんなこと言うの、これまで一度たりとも聞いたことがないわよ。弟子にしてください、って押しかける人は大勢居て、みんな断っているのに、健さんからあんなこと言うなんて。なんで、あんなふうな答え方したの！」

ってな。

大泉の東映撮影所に行ったんだよ。事務所に行って、

「あのぅ、役者として来たんですけど……」

「はぁ？　帰って帰って」

「高倉健さんに口添えいただいて……」

「け、け、け、健さん!!?」

もう対応が一八〇度変わったね。なんだろうなぁと思ったけれど。まぁ、そうして、東映の大部屋俳優としてのキャリアが始まったわけだよ。

あの高倉健さんに、わたしは運ばれたってことなんだよ。

そうそう、じゃあ、わたしがなんで石倉三郎って芸名になったかの話をひとつしておくか。いろんなところでくっちゃべって、いろんな書き手が書くもんだから、尾ヒレ背ヒレついてごちゃごちゃしてるけど、これが真説だよ。

——＊——＊——

健さんと奇縁あって、東映に入りました。大部屋には、演技順位ってのがあるんだよ。要するに大部屋の連中の役を決めるときのランキングだよ。子分Aだの、蕎麦屋の出前持ちだの、警官だの末端の役を決めるときの。セリフ一行、あるかないかの世界でな。それで役手当が五千円〜七千円。

わたしの本名は石原三郎だ。ところが、東映の事務員さんで同じ石原ってのがいたわけだ。なんかの呼び出しで「石原さ〜ん、電話です」とくるわけだよ。そしたら行くじゃないか。「おめぇじゃないよ、バカ」となるわけだ。

「ややこしいから名前を変えろ」

「それはあのう、あれですか、いわゆる芸名というやつですか？」

「あーそうだよ」

「芸名なんて……」

「照れてる場合じゃねぇだろう。符丁《ふちょう》だよ」

「考えてくださいよ」

「てめぇでつけろ、バカ」

なんてやってたわけ。

「そういやぁ、おまえ、健さんの紹介で東映に来たんだよな」

「はい」

「じゃあ、健さんから名前をもらえ」

「そんな大それたこと！」

「大それたもどうでもいいんだよ、今すぐ決めろ」

「はぁ、そうですか。高倉健、石原三郎、高倉健、石原三郎……高倉健三郎？」

「全部じゃねーか、バカ！」

「はぁ。倉三郎、倉原三郎、石倉……、石倉三郎でどうですかね？」

「おー、それでいいよ」

でまぁ、健さんに言わなきゃならないだろってことで、東映の健さんの部屋に行って、

「コンコン、失礼します。どうもサブです」

「おぉ、どうしたサブちゃん、元気でやってるか？」

「はい、なんとか」

「で、どうしたの？」

「あのー、今日から名前を変えまして」

「なんで？」

「石原という名前がふたりおりまして」

「あぁ、いるなぁ。で、どういう名前にしたの？」

「健さんの倉の字をちょうだいしまして、石倉三郎にしたんです」

「そうかい、そうかい、わかった、いいよ」


これが、石倉三郎という芸名誕生の真相よ。そこから四〇年。健さんが付けた名前だとか、いろんな噂がずうっと一人歩きで併走するのよ。平成一八年に健さんがお上から文化功労者に選ばれたとき、ここぞとばかり、きちっと手紙を書きました。日頃の無沙汰を詫

びて。

「健さんに出会ってこの世界に入りまして、入れていただいて今のわたしがございます。すべて健さんのおかげです。折に触れ何に触れ、なんのお断りもせずに健さんのことをしゃべって参りました非礼をお許し下さい。このたびの叙勲、まことにおめでとうございます」みたいなことを。

そしたら、すぐ手紙を頂戴した。

「有難う。うれしかった。一番うれしかった。グッと来た」って。あの高倉健さんがグッと来たと書いてくれてんのよ。うれしかったよねぇ、死ぬほど。本当に生きていてよかったぁ～！　と思えた瞬間だったなぁ。

寸法05　人生の転機に呼び鈴を押すな

なぜ俳優を目指したかっていうと、長い話になっちゃうんだけどな。

瀬戸内海の小豆島。高松からフェリーに乗ると、ベタ凪の内海にみなが驚く。波がない、ペターっとした凪いだ海よ。だから、ワタクシみたいなおだやかぁ〜な性格の人間が育つってわけだ。笑っては駄目だよ。船は島影のあいだを縫うように行く。あの海は、なぜか、たいがい空との境目が黄色く染まってるんだが、ありゃなんでだろうなぁ。わたしは知らない。

まぁ、そういった海をツツーっと一時間ばかし行くと、牛の形をした小豆島に着く。上陸したとたん、醤油と佃煮の匂いがしてくると、あぁ、帰ったなと思う。おかげさんで、最近じゃ、仕事で小豆島ロケなんかの縁があって帰ったりするけれど、正直、小さいときの思い出はいいもんなんか、これっぽっちもないね。

とにかくドがつくほどの貧乏で、夫婦ゲンカが絶えない家でね。親父もオフクロも酒呑みでな。親父は料理人なんだが、この時分はなんだか拗《す》ねてて、島で失体事業の力仕事を結局辞めて、確か、大阪の町工場で旋盤工だかなんだかやってた。所謂、単身赴任ってやつよ。もともと手先は器用だったんだな。オフクロが島の映画館でお茶子をやっていた。お茶子というのはお客を席まで案内する係だよ。一番上の兄貴は映写技師をしていた。

だからというか、映画は小学生の時分からよく観ていた。タダで入れてもらってな。もちろん先生にみつかったら怒られるんだが、ちょちょいと映画館に入って観ていた。そらもうチャンバラ映画に首ったけよ。

東千代之介の『三日月童子』やら、伏見扇太郎『風雲黒潮丸』、中村錦之助（萬屋錦之介）『笛吹童子』なんかを観てた。オフクロは映画が好きだったねえ。オレが映画が好きなのはオフクロの血かな。オフクロにとっちゃあ、趣味と実益を兼ねた仕事で、生活のウサを晴らしてたんだからな。私も夜はオフクロと居たいもんだから、日替り三本立ての小屋にせっせと通ったよ。至福のときだったねえ。

劇場を出たら、もうマネをするわけよ。小豆島一のチャンバラ小僧よ。こっちは映画を観ているもんだから、そこで仕入れたネタで、学校の休み時間におちょけて、人気者になるわけ。そのうち「三郎はおもしろい」って刷り込まれていくわけだ。「あぁ、そうなのか」って。そんな思いも休み時間だけだけどな。

少年時代のワタクシなんてのは、まぁ言ってしまえば劣等感の塊でな。

簡単なことよ。家が貧乏。勉強ができない。体が小さい。こらもう、三つ揃えば十分だろう。気が小さく育ったのはそのせいだよ。そのかわり「なんだこのヤロー、なめてんのか！」って瞬発力だけはついたんだけどね。先手必勝の喧嘩ばっかりしてた。ちなみに喧嘩で大事なことは、大ボスと喧嘩することとな。オレはこいつと刺し違えてやる、死んでもともと、何にもねンだ。いくぞ〜、コラァ〜！　ってモンで。下っ端と喧嘩しても屁にもならない。まぁ、そういうことも覚えながら小僧の知能が発達していくわけだ。

小豆島の思い出はといえば、あとは、そうめんだな。

あの島はそうめんの島でな。冬には、天日干しにしたそうめんが白い幕のように、段々畑の斜面を覆う。滝だよな。ビクトリア瀑布ってな感じよ。もうおっそろしいくらいの真っ白。子供心に「美しいなぁ」と思う。あのたなびく「白」だけには誰も触れちゃいけねぇ。いかにヤンチャ自慢の三郎ちゃんにとってさえ、聖域だよ。

子供の頃はそうめんばっかり食っていたな。おかずもそうめん、味噌汁の具もそうめんなんてときもあった。オフクロが「あんた、ふしをもらってきな」なんて言う。そうめん工場に出かけて、ふしをもらいにお遣いに行くのがなんとも恥ずかしくてね。ふしというのは、そうめんを竹竿にかけて干すときに、ちょうど竿に当たっている部分のことでね。Uの字型になってて。そこは売り物になんねぇから、多分、捨てたと思う。それをわたしなんかがもらいにいくわけよ。あれだけはホント勘弁してほしかった。ところが、今はそのふしだのバチだのが売り物になっている。

まぁ、そんな思い出したくもない、しみったれた話しかないんだけれど、小学校の謝恩会のとき。燦然《さんぜん》と輝く思い出があるんだよな。

クラスで一番か二番のデキのいい友達に誘われて、おっかなびっくり、ドキドキしながら、コントもどきのものを演《や》った。講堂中を沸かせてさあ、初めて先生に褒められたよ。

わたしの人生で褒められたことは二度しかねぇ。一度は、その謝恩会で漫才やったとき。もう一度は、『石倉三郎の料理事始め』という料理本を出したときに、有名な料理家に「見せかけや見栄だけじゃない、肚《はら》に溜まるための飯が載っててよかった」と言われたことだな。人生、二度っきりしかねぇよ。

小学校の謝恩会じゃあ、エンタテナーサブちゃん、って感じでさ。それが、「エン」が取れ、「タテナ」が取れ、なんにもなくなったんだよ。「お」も取れ、「ちょこ」も取れ、「ちょい」も取れ、おっちょこちょいも全部取れた。今じゃあな。

で、学もない、ゼニもない、ってところで、何で食っていくかのことを三郎少年は悶々と考えるわけだよ。中学のときに夜逃げ同然で一家は大阪に渡るんだけれども、考えたのは漫画家か手品師かコメディアンだったよ。それは我が身ひとつでできるじゃないか。家が貧乏かどうか、学があるかどうか、一切関係ないじゃねぇか。大阪のとある忙しい町、十三と書いて「じゅうそう」と読む町で喧嘩ばかりしながら、悶々よ。

結局、中学卒業して一度、ある会社に就職するんだけど、そりゃあ、自分の将来の展望なんて拓《ひら》けないわな。さらに悶々とするばかりよ。中卒の人間のお先なんて、会社の中じゃあ知れてる、ってわかっちゃうしな。こそこそこそこそ、生きるしかないのかなぁ、きっついなってなもんよ。

それで、ネクタイが締めたくてな。「あぁ、ネクタイ!」ってなもんよ。職工じゃなくて、営業マンをやりたくて、夜間高校を受験して「さぁ、頑張るぞ!」って思ったら、オフクロさん、言ったね。「サブ〜、カンニンやでー。授業料、払われへんから」……、ジャンジャン!

今じゃ野球漫画の巨匠・水島新司先生が当時大阪にいらっしゃってな。あるとき、手紙を書いた。そのあと、「一緒に頑張りましょう」なんて返事をもらったんだけど、自信もねぇやな。つまり、バイトができなくなっちゃうと、オッカチャンが辛いだろうな、と。

ある日、強烈に憧れていたクレイジーキャッツが、大阪に来た！

いっちばん前の席を取って、かじりついて観てた。コリァすごい！　ヤッパリすごい！　いい！　メチャクチャいい！「オレの道はここしかねーっ！」と思って。

次の日にもう一度、かぶりつきで観てたら、マイク持ってる植木等さんが、「ありゃ、おめぇ、昨日も来てたな」なんて気づいてくれてな。なんだか、そういうときにパッと目留まりされることはよくあったんだよ……。「おっ、行ってみるか」と思うんだけど、そこには、小松政夫というド天才が付き人にいるじゃないか。とてもじゃないが敵《かな》う相手じゃない。

その頃のわたしは、なんにも自信がなくて、ちょいとアクションを起こしては、すぐに「あぁー駄目だ、駄目だ、オレにやれるわけがない」と思う、空気ばっか出し入れしてるふいごみたいな少年だったんだ。

そんなわたしがピョンと飛べたのは、働いていたその会社の上司の一言だった。

「三郎君。キミはおもしろいし、話が上手だから、営業に配置換えをしようと思ってね。名古屋に行って営業をやってくれ」

これが「誰かが見てござる」ってことよ。この言葉が自信になって、「そうなのか、やっぱりオレは人様としゃべってるとおもしろいと思われるか」と大きく膨らまし粉を入れてだな、東京へ行って俳優になる、という肚《はら》を固めたんだ。なーんのあてもないのにさ。

そこから、健さんに会うところに話がつながるわけだ。


——＊——＊——


ところが実はその間にひとくさりあってな。これが、自分自身で一番劇的だった話だよ。あぁそうか、そういう星かと自分が流れ星みたいに思ったもんだ。

実は、上京してすぐんとき、三木のり平先生のところへ押しかけたことがあるんだ。のり平先生といやあ、ジャリの頃からみっちりと見込んだ、東宝の御存知『社長シリーズ』。あの映画は、今でも大ファンよ！　のり平先生の演技の「間」がすっごく大好きでな。「オレはこの人になりたいんだ！」と本気の本気で思っていたわけだよ。憧れよ。まぁ言ってしまえば完全なミーハーだよ。

わたしの好みを言うと、コメディリリーフみたいな存在に惹かれていたんだよ。だから、三木のり平先生だったのよ。押しかけるっても、普通に住所調べて行ったわけよ。昭和の時代なんて芸能誌の記事の最後に、「ファンレターの宛先」なんて自宅の住所が載ってるような鷹揚《おうよう》でいい時代だったからね。『週刊平凡』を見て、家を探してね。近くの交番でおまわりさんに、

「このへんに三木のり平先生のおうちがあるそうなんですが、どこですか？」

「そこの角曲がって三軒目のでっかい家だよ」

みたいに聞いてさ。

いざ門の前に立ったときに、すごい気分が込み上げて来てさ。来た。オレはここまで来た。呼び鈴が見えるわけ。あれを押せ。押して扉を開けろ。走馬燈がよぎるわけだ。大阪駅を出るこだま号を見送るオフクロの顔や、「馬鹿はやめろ、考え直せ！」と言ってくれた友の顔。

しかし、押せなかった。その日は帰った。また、別の日に行くんだよ。今日は押すぞ、って。でも押さないんだよ、その呼び鈴を。これはすごいと思うね。押していたら、健さんには会っていないと思う。どうなってたかなんて考えないけど。なぜ、あのとき、自分は押さなかったんだろう？　というのはもう謎だね。運だね。のり平先生には運ばれなかったってこったよ。

まぁ、無理やり思い出してみたら、シミュレーションはしたんだと思うんだ。ベルが鳴る、弟子かなんかが出てくる、弟子入りしたいから会わせてくれと告げる、会う、多分、わたしは気にいられるんだよ、間違いなく、で、お茶くみ、荷物持ち、車の運転、とやる、芝居を間近で覚えて、舞台に立ったりするんだろう、いけるだろう、いける、絶対にいける……、みたいにドッドドッド高鳴るんだよ。どうよ、コノ馬鹿さ加減。そこで、でも待てよ。となっちゃうんだよ。

弟子になるということは、弟子だよな。もうよそで働けないよ。仕事できないよ。自分の寝床と飯はいいけど、おふくろに仕送りできなくなっちゃうじゃないか……、どうするか、と、こうなっちゃうんだよ、ド真面目な三郎青年は。だって、東京に出てくるときに反対した兄貴を説得した約束が「毎月、オフクロに仕送りを欠かさない」ってことだったんだから。わたしはそういうところは律儀よ。約束は破ったことがないのよ。たしかに、夢のために、はみ出す手もあったと思うのよ。ここは一発、知るかい、となる。

そんなこんなで押さずに帰って来ちゃうんだよ。しばらくの間、イライラと酒を飲んでたなぁー。「やっぱり、オレは家のためになんにもできなくて、終わんのかなあー」と。

あの鐘を鳴らしていれば、高倉健さんにも出会わず、今のわたしはどうなっていたもんか？　今じゃ、いちいち考えるのも面倒くさいがな。そういうことなんだよ。

寸法06　誘われたら船に乗れ

どうも最近は、「自分で決めました。これは自分の選択です」なんて気張ってやるのが流行ってるみたいだけど、いっくら気張ってみても、そんなものは知れているだろう。だいたい、その選択の地盤となっている、教養や知性や勝負勘なんてものが自分にどれだけあるかといったら、胸に手を当てればすぐわかるよ、ろくにないだろ？　殆どの者には。だから、選択、選択って言葉をかざすヤツには、わたしはそんなに信用がおけないんだよね。

「えー、こっちが気づかないうちに、いい感じにしてくれよ～、そういう技はないのかよ～」なんて思っちゃうほうだからな。

芸で人を楽しませる仕事をしているせいもありますが、芸の世界にゃ、本来、強要とか気張りがないんだよ。だってお客さんに「笑えよ！」と強要することなんてありえないでしょ。なんとはなしに、ボーっとしててもお客さんは自然と楽しくなってくるってのが芸ってもんだからな。

ま、なんの話をしたいかというと、何もかも、自分で決めて、自分で、自分で、と張り切ってみたって、そんなにはうまくいかないぜ、ってことよ。そんなコントロール、最初から諦めるのも手だね。よしんば、コントロールできたところで、そんなの気をあちこちに遣《や》るばっかりで、なんにも楽しくねぇぜ。

そこで、わたしの昔っからの鉄則は「誘われたら船に乗れ」だ。ぐちゃぐちゃ頭で考えずに、他人様のお知恵をどんどん拝借いたしましょうってことだよね。

——＊——＊——

実は、さっき書いた、「三木のり平邸　あの鐘を鳴らさなかった事件」には、痛烈な後日談があってな。時代はそのときより、もーっとあとの、コント・レオナルド時代、某TV局でレギュラー番組を持ってた頃だよ。わたしがそこそこ売れて、食えるようになってから後の話だ。

あるとき、その番組で共演していた朝丘雪路さんが、名古屋の御園座で芝居の公演しているというから、「みんなで楽屋見舞いに行こうよ」「そりゃいいねぇ」って話になった。

ってんで、御園座に行き、夜には雪路さんの食事会へ連れて行かれた。さらに、二次会で入った店で飲んでたら……。そこのホステスさんが「石倉さん、今、のり平先生が呼んでらっしゃいますけど?」ときたもんだ。

「え?　のり平先生!?　そのつまり、三木のり平先生ですか?」

「はい」

震えたね、わたしは。あれは震えた。何の因果か偶然か、こいつが運命の輪ですかい、と。

「あらー、のり様、来てんの?　どこ?」

なんて隣りで雪路さんがおっしゃるもんだから、先生の御席へ行くわけだ。

いました!　いらっしゃいました!　のり平様が、いいご機嫌で!

「おーおー、来たか。まぁ、座れ座れ」

「は、はいっ!」

「おいレオナルド。オレはおまえらのファンなんだよ。石倉っていったか?　キミは?」

「は、はい」

「ま、飲めよ飲めよ」

「頂きます」

もう、縮こまるやら、感動するやら、事態の突発ぶりに呑まれるだけでな。目の前にあの三木のり平様のお姿が……。

「おまえ、舞台やれよ。どうだい？」

「イヤ……ハイ……先生、舞台役者じゃ食えないすヨ」

「何？　そんなことはないよ。そりゃ贅沢はできねぇけど」

「いや、先生、贅沢とかじゃなくて、今、舞台へ行っても役も小さいし、もう少しテレビで顔を売って、それからでも……」

「何をゴチャゴチャ言ってんだい。板の上で役は大きくして行きゃあいいんだよ。だいたい、今のヤツら、なにかっていうとテレビテレビって。まったくしょうがねーなぁー」

「ハイ、スイマセン……」

「まぁ、いいや、飲め。飲め。ほい、カンパーイ！」

ってなわけで、その夜のことは今でもはっきり浮かんでくるねー。いや、どう考えてもおかしなことになってるんだよ、その夜は。弟子入りしよう、てめぇの人生をぶつけてみようとした人と、飲んでいるんだから。おまけに畏れ多くも「オレはおまえらのファンなんだよ」って聞こえたような……。


どうよ、この不思議なるお導き。

こんなわたしにとっての一大事も、もしも、局のスタッフが「雪路さんの楽屋見舞いに行こう」と誘ってくれなかったら……、わたしがたまたま二日酔いでダウンしてたら……、何かよんどころのない事情のときだったら……、遠慮させていただきます、と丁重にお断りしていたら……、のり平先生と酌み交わすことなんて起こらなかった。

いやいや、「人に誘われたらついていく」ってのを鉄則にしておいて、よかったなぁと心底思った次第だよ。

そして、話はまだ先があるんだよ。ときは流れて、わたしはコント・レオナルドを解散して、また芝居の世界に戻ってきた。そしたら、あちこちのドラマでご一緒できるようになった！

一度、「座長・三木のり平師匠」の公演舞台で、シャレ心で、

「親父さん、付かせてくださいよ」

ってやったことがある。そしたら、

「え～、おまえ、仕事は？」

「空いてる。空けます」

「そうか……悪いな、頼む」

「はいはい！」

ってなわけで、荷物持ちから、お茶汲み、肩もみから、全部やったね。弟子がやるようなことを。周りは、「あの石倉三郎がなにやってんだ？　なんか粗相でもあったのか？」と目を白黒させてんだけど、こっちは意気揚々で下仕事やってさ。あれはおもしろかった。気分良かったなー。

人生とは、かくも不思議、かくも痛快。こうして、憧れだった三木のり平師匠に、わたしはちゃんと、会えて、ご関係を結ばせていただけることになったんだよ。

誘われた船に乗ってみる、というのは、おもしろいことに出会える発端になるもんだろ？

どんどん乗りたまえ！　船酔いなんて安い駄賃だよ。

寸法07 プロ意識は、泥の中でつかめる

何がプロか、と言ったら、そりゃあ人様によってはさまざまな答えがあるだろうが、まずわたしの中での答えは、「その道一本で食える」ということでしょうな。

そうでなくても芸能界は、役者兼モデル、とか、役者兼タレント兼モデル兼エッセイスト、とか、もうどれだけ連結した電車なんだよ、みたいなてぇいうのが多いのでございまして。そりゃあ本当に多才な人はいるにはいるけどさ、由紀さおり姉さんみたいなズバ抜けた人な。だけど、芸能人が食えなくなったから、名前だけ使ってよそに手を出したり、逆に、あたかも自分を大きく見せようとして手を出すのは、その道の本来のプロに失礼じゃないか、と思うけどね。

まぁ、役者、モデル、絵描き、物書きなんてぇのは、昔っから「自称」が多い。これが食わせもんでね。アルバイトのふたつみっつでもしなけりゃ食うこともままならない。「じゃ、辞めろ、バイトを」とわたしは言う。他の食い扶持《ぶち》を作るな、と。

どこかで皿洗いするわけよ。役者が、いい女が。当然食えないから、夜のホステス、銀座に行く。まず戻ってきませんわな。そいつは無理な相談だよ。夕方七時頃、おっとり家を出て行って、ドレス着て、お酒を飲んで、お札を頂いて、なんてやってる風情が、それがあくる日、朝の五時かなんかに起こされて、ロケーションで、渋谷かなんかで待ち合わせて、汚いなりで連れて行かれて、セリフは一言もなくて、チャリーンともらって。どっちがいい？

みんな銀座行っちゃうよ。だから、本当に女優が好きだったら、絶対クラブなんかでバイトしちゃ駄目だよと言うしかないのよ。言うこと自体がおかしいのよ。言っても何しても戻ってくればいいから。でも、みんな戻れないだろう。だから、それはそれだけのことなのよ。

昔からだよ。銀座だとか、六本木だとかに行くと、いい女だなと思うとだいたい女優崩れだよな。女優崩れ、モデル崩れ、歌手崩れだよ。芸能界にいいものが残ってないんだよ。だから、銀座の世界、六本木の世界はいい女しか通用しないんだよ。女優の世界は……これは……まぁ……いろんな方がいらっしゃってますわな。

芸能界の世界では、どのくらいその道でがんばれるか、どのくらい好きなのか、何があろうとちょっとやそっとではへこたれない！

食えない？　当たり前だろ？　生活できない？　当たり前だろ？　しかし、飢えて死ぬようなことはないだろう。てめぇで選んだんだろ？　泣きは入れちゃ駄目よ。しかし、美人ってのは得だよねー。ま、好みの問題もあるけれど。だからといって、腕があるから上《あ》がれるかって言ったらそうじゃないという理不尽極まりない世界だから手を焼くんだよな。


会社で働いているかたぎの方なんかだと、どうなるんだろうな？

わたしが思いますに、会社に就職してサラリーマンになるってことは、まぁ、芸能の世界でいえば、オーディションに受かるみたいなことなんでしょうから、就職試験に受かった時点でそりゃあ「プロ」ってことだろう。バイトせずに宮仕えをやって稼ぎを得るんだから。こらぁ、立派なプロだわな。

しかし、いったん会社に入ってみたら、その後は、あれもこれも、これもついでに、なんて仕事が多くて、それをまた器用に奇天烈《きてれつ》にうまく並行作業でこなしていく離れ業が求められるんだろ？　それがプロのサラリーマンの芸のうちなんだろうな。

いまやかたぎのサラリーマンの世界もたいへんだと思うよ。企業神話が崩壊しちゃって、己の腕で食わなきゃいけないことになって来たわけだから。せっかくオーディションをくぐって会社に入ったのに、さらにそこから「○○のプロ」ってことにならなきゃいけないんだろうからさ。ここから先、プロフェッショナルという言葉はますます流行るだろうね。

―――＊―――＊―――

わたしが初めて、自分がプロだなぁと思ったときっていうのはね、熊と組んでコント・レオナルドを始めた頃のことなんだよ。売れる直前の時分。最初はストリップ小屋を回っていたんだよ。その頃のストリップといえば、裸を眺めて喜ぶなんてものじゃなくて、ストリップとは名ばかり、どこもかしこも本番ショーをやっていた。客がダンサーとアレをやる場所だったんですわ。

そこで、やたら印象に焼きついたのは、女の値段に等級があるってこったな。偉いとこに来ちゃったなぁと思ったよ。現実の厳しさっつーかさ。一番高いのは白人と日本人。これが一日のギャラが五万円。その次が中南米で四万円。安いのはフィリピンとアフリカンで二万円。そりゃあそりゃあ、もうはっきりと書いてしまえば、きれいごとも何もない世界でしたよ。お姉ちゃんたちは、昼に一回、夜に一回で、毎日稼いでいく。凌《しの》ぎとはいえ、ただただ圧倒される。頭がチカチカしちゃうよ、そんな状況を目の前にすると。

その幕間でこっちはコントをやる。ストリッパーの姉さんたちとは楽屋も一緒くたでね。それがおもしろいことに、フランス人とかアメリカ人とかいうのは、楽屋もきれいなんだ。値段が安い女ほど楽屋が汚い。あの光景は忘れられない。わたしは世界を見た気がしたね。そういう中でコントをやるわけだから、最初は「オレも落ちるところまで落ちたなあ」と思った。だけれども、落ちるところまで落ちた、と思った瞬間、なんだか喜びが湧き出てきたんだよな。「なんだか、オレ、お笑いのプロみたいだな」と思えた。

この「プロみたいだな」なんだよ、最初の感覚は。「プロだ」じゃなくて。全然食えちゃいねぇし、うだつが上がらないことは変わりないんだけどさ。それ以外の食い扶持がないし、これでやるっきゃないし、自分はプロの世界にいる、と。むしろ、しばらく続けても構わない、ストリップ業界で名を成してやろうか、とまで思った。妙に確信した意識ができてね。

ひとつあの場所で学んだ大きなことがあってさ。当時、一家心中が流行っていたんだよ。ローンの返済ができないからってんで。すると踊り子さんたちが言うわけ。「何これ？　そんなん、なんで死ななアカンの？　裸になったらええやん。すぐにお金返せんねんから」

って言う。この明るさだよ。なるほどなぁと思ったよ。わたしゃ、ストリップ小屋で「プロ意識」を授けられたんだよ。オギャーだよ、オギャー。もし、プロ意識が生まれる瞬間というものがあるとしたら、そんな泥のような状況の中にいる刹那《せつな》じゃないの。「もう自分にはそれしかないんだ、それ以外の自分がない」、って形でやってくるんだよ。プロ意識ってものに対して、胸に手を当てて、なにも答えが思い浮かばない人は、まだ、深刻でヒリヒリするような泥の中を体験せずに来た人でしょう。

誰しも人生にゃ、ひとつやふたつ想像を絶する酷《ひど》い経験があるだろう。それは絶対的なもんでさ、人様と比べて相対化すると、結局、たいしたことねぇな、ってなもんだけどさ。ありがたいことに、かなり強烈なヤツを食らって、そのヒリヒリが厳しけりゃ厳しいほど、自分がなんのプロかわかるよ。

はたまた、「わかってみりゃあ、自分は世渡りのプロでした」、なんて答えだってあるだろうしさ。まぁ、渡ってばっかいねぇで浸かってみろって話だけどよ。まぁ、大事なのは、そういうときでも、酷いなんて思わず、明るく笑って楽しめよ、ってことなんだけどな。

わたし、健さんのおかげで入った東映は、理不尽な製作者を殴ったことがきっかけで干されちまって、結局、四年居て辞めるんだけどさ。最後に、高倉健さんにご挨拶に行ったのよ。そのときの健さんの言葉は忘れられないね。

「サブちゃん、東映は辞めてもこの世界は辞めないんだろ？　だったら、『膝まで泥に浸かった』なんて言うけど、首までどっぷりと泥に浸かってみなよ、泥沼に」

首まで浸かったのが、あのストリップ小屋時代だったんだろうと思うよ。

寸法08 現ナマを数えたことがない人間は信用するな

金のことは、いろいろ考えた。そりゃあ、貧乏家に生まれてしまったからには、目先の問題でもあり、いったいなんなんだろう、金って？　という哲学的な問いでもあった。

そんなことで言うと、今は価値観の多様化だなんだって言ってるけど、そんな言葉に騙されて、結局のところは、金儲け主義（まぁ、拝金主義だな）という価値観に一本化されているような気がしますさぁね。

金儲け主義の世の中に作り変えるために、邪魔だった杭やら柵やらをどける工事に、「多様化」の看板が使われているのじゃあないかね、とわたしみたいなもんは思いますさぁね。今じゃすっかり、金持ちが一番強いのかよ？　みたいなことになってるじゃないか。偉そうにすんなよ、金は金だろうが、ってことだろ。でも、誰も言えなくなっちゃってるよな。

だから、何とか「ドア」やら、何とか「ファンド」のように金の亡者が出てくるわけだろうね。彼らは額に汗したことが一回もないのじゃないかと思ってしまう。ただ机の前でグーンと反り返って、画面を見ながら、文字鍵盤をいじってて、売った、買った、売った、買ったみたいなことでやってるわけだろ。それだけのことで見たこともない金が動いているわけだろ。株屋ってのはそんなに偉いのかね？

だいたい、本物の金持ちってのはどんだけ金を持ってるかてんじゃないんだな。どんだけ使ったかだぜ、やっぱり。昭和から平成に変わって、何が変わったかって、「札束」を目の前に見ることがねぇってことだな。見たことのない札束なんていうのは、絵に画いた餅なわけでね。手元にない、見たことがない、触ったこともないとなると、これは実際のところ、その価値がわからない。人間なんて単純なもんだ。

仮に、五〇億円滑ったところで、それは数字上の五〇億で、自分の銀行から五〇億がなくなるという実感がないだろう。そうすると、すごく強気でいられる。それが現代の強さだと思うよな。あれをキャッシュで売り買いしたら、とてもじゃないが、やるヤツはいないと思うよ。汗のにじみ方が変わるだろう。それが現ナマの強さ、凄味なんだよ。現ナマと汗ってのは表裏一体じゃなきゃ、何かがおかしくなっちまうってことでな。

あのね、お金っていうのは、紙の塊《かたまり》になると単純に重いからね。腰抜けるよ。置いておくのもかさばるし、持ち運びも腰が抜けるほど厄介。一億円で一〇kg、五〇億だと五〇〇kgあるというんだから、朝青龍四人半前だ。そんなこと、想像したことがないでしょう?　自分の身の程を知るのに簡単な方法ってのは、ひとつにゃあ、現ナマを実際に見て触ってみることだよ。匂いを嗅いでみることだよ、こっそりな。

札束が物体じゃなくなってしまってから、数字に変わってしまってから、「ほど」ってものがほどけてきた。精神も何もほどいちゃった。これが手痛いところだわな。

おめえは五〇億から一〇〇〇億の金を動かす「ほど」があるのかと。だったら、一回ちょっとやめて、キャッシュを見てみろと。そこから一回でいいから自分の現ナマを見てみろとなるんだよね。おそらく、見たことないと思うよ。

だから、元はと言やぁ、サラリーマンの給料が全部銀行振込みになったときから、サラリーマンがおかしくなってきた。全部銀行で処理する。キャッシュを持ってないから、まずは女房がキャッシュの重みがわかってない。銀行振り込み以前、以降で一番変わったことはといえば、自分の小遣いだろ。いまや小遣いは全部女房からもらうわけでしょう。女房から現ナマをもらうのと、自分から現ナマを渡すのは金の性格が大きく違う。人間も性格が大事だが、金も性格が大事なんだよ。

金を拝んでもしょうがない。しょうがないんだけども、自分が正当な労働で得た報酬は自分のもので、女房が専業主婦であれば、女房に「今月はこれだけでやってくれ」と渡すものであってさ。自分の小遣いってものは、個人の「物」じゃなくて、絶対に世間的なものなのであって、ストックするべきものなんだよ。世間的なものというのは、個人の享楽に使う以上の意味合いがあるということだよ。

「何で今月は少ないの？」

「ちょっとつき合いがあるからな」

と言うのが男なんだよ。そうじゃなかったら、男としての一分《いちぶん》は守れないぜ。だから、現ナマ的生活をしていない人間は、だんだんと「ほど」がわからなくなるの。己で確実に稼いでいるものを、己で明確に持ってないと、「ほど」はできにくいんだよ。そういう輩に「ほど」を説いたって一向にわからない。

「ほど」がある人間は「わきまえ方」を知っているから、「ほど」がなくなっちまうと、世の中がどんどん卑しくなってくる。画面を覗《のぞ》いて、目が悪くなったヤツはみんな株屋か？　みたいな時代だけれど、まずは株屋に金の価値が皆目わかっていないと思うよ。

拝金主義の日本だから、金さえあれば、そりゃあ生きやすい。金は便利だ。金がなきゃ、不自由だ。そして、便利さが傲慢を生む。その悪循環にはまっちまってるな。「金があればなんでもできる」と凡百の人間は思っちゃうものだからな。「ほど」がない人間の行く末はそういう姿だよ。
金には性格と素性ってもんがあるんだからさ。それを見抜くからこそ拝んだり、逆に舐《な》め切ったりもあるわけでさ。全部、数字に変わっちまったことで、性格も素性もぶっ飛んじゃったよ。わけもわからず拝む一色になっちまった。それればかりか、今度はそれを眺めてる人間の性格も素性もぶっ飛んじゃうんじゃあ、もう、この世は闇よ。何のために人間が生きて暮らしてんのか、根本がひっくり返っちまうだろう。人間が金の奴隷なんて順番じゃ、喜劇にも悲劇にも作れねぇなって話でさ。
俗に千両役者って言葉があるけれど、あれだって千両使うから千両役者って言うんだってね。私にぁ、遠〜い、遠〜いお話だけどね〜。

——＊——＊——

前の話の続きになるけど、健さんと出会って東映に入って四年、そのあと、舞台俳優が四年。新宿のコマ劇だの国際劇場だの商業演劇の舞台で小さい役をもらったが、うだつが上がらない。東京出て八年があっというまに溶けた。

いやぁ、食えないね。食えなかった。

八年辛抱するのはことだよ。セミだって土の中七年なんだから。

その後、甲府の裏カジノでルーレットを回していたんだよ。と言ったら驚かれる方もいるかもしれない。やはりなと笑う方もいるかもしれない。そのお話をいたしましょうか。


コント・レオナルドでスパークする、ずうっと前の話だよ。うだつが上がらないとなると、人生の行き先が気になってくる。気ばかり焦るし、おもしろくもない。何より、生きている実感がしない。そこでパッツーンと役者引退宣言を試みたんだよな。

「オレちょっと引退しますわ、この世界」

相手は、柳家金語楼さんのお弟子さんで、時々つるんでいたコメディアンの平凡太郎さんだった。

「サブちゃんよぉ、引退はねえだろう。引退ってのは、もっとそれなりの人が言うんだよ。サブちゃんの場合はな、そっと消えていくって感じじゃないの？」

「ヘイ！　消えてなくなりやすよ」

「辞めることなんかねえんだよ、この世界。な、また帰ってくりゃあいいんだよ。そうだろう。どっかで修業してきた方がいいよ」

「修業ったって、もう、飽きましたよ。自信も砕けたし、海の藻屑《もくず》みたいなモンですわ」

「遊んだほうがいいよ、遊んだほうがいい。遊んだほうがいい」

そんな話をして、わたしはこの世界から一度足を洗ったんだよ。二八歳のときだ。

勿論！　健さんにドロ沼に首までドップリ浸かるって言葉の約束を忘れた訳じゃない。頭の隅でヅキヅキしてるんだけれども、ココは一番、とりあえず野となれ山となれ！　の心境だった。

じゃ、何をやってメシを食うのかと言ったら、その当時、横浜あたりでスロットのマシンを置かせてもらって、上がりで食うという商売があってね。設置のショバ代だけは店に払いつつ、あちこち置くというヤツな。そんなことをやっている飲み友達ができて、「オレもスロット商売でもやろうかな」と思っていたら、今度はそいつが、山梨の甲府でカジノを開くと言う。まぁ、日本国では違法ですわな。ルーレットの卓があって、賭けられているのは色とりどりのチップ、でも、換金は日本円へ、みたいなことになっている。

「そこでサブちゃん、ルーレット回してくんねぇか？　ディーラーってやつよ、ディーラー。給料は一日一万円。あとは客からのチップももらえるぜ」

「それはいい商売じゃねぇか」

とまあ話がトントンと転がりまして、話は転がりゃ人生も転がる、おまけに玉も転がるってんで、ルーレット・ディーラーになりました。そのときはルーレットの稽古もしたよ。

ルーレットってのは、ありゃ円盤の回転数と投げ入れるときのタイミングと強さで落ちる所が決まるから、一週間も真剣に練習すれば、九割は思った数字に入れられるようになる。ただ、客に見破られずにやるのに一年はかかる。あの遊びは偶然を頼って賭ける客も居りゃあ、ディーラーとの読みのオモテウラで賭ける客も居りゃあ、って話でな。

だから、話は逸れるけれども、後年、長渕剛とドラマ『とんぼ』をやったとき、わたしは裏カジノのディーラー役ですわ。ルーレットシーンの撮影があって、任天堂が道具を持ち込んで、スタッフを用意する。これが昔取った杵柄《きねづか》、うまいのなんのって！　美術さん、スタッフさん、演出家、みんな口をあんぐり開けて驚きよ！　っつーから、笑えるよな。任天堂さん、「大丈夫ですね」って途中で帰っちゃったもん。これも芸は身を助けるというヤツだよな。

この甲府時代の生活は、むちゃくちゃだった。だが、長年の憂さも晴れたし、楽しんでいたんだけどな。なにしろ金が回るもので、二日と空けずソープランド（当時はトルコ風呂と呼んだが）に入り浸り。客が集まる夜の一〇時くらいまではひまなもので、昼頃に起きて「あ、トルコに行こう」みたいなことだ。トルコに出動してから、その後は甲府市内の一流クラブで飲むだけ。二八歳の小僧がいい羽振りでデカイ顔をしている。そこへ「サブちゃん、お客さんだよ、よろしく」とクラブに電話が入れば、「あいよ」ってんで、カジノに出かけて、ディーラーへ変身して円盤を回しているわけだ。明け方五時六時まで玉を投げ込むわけだ。

そんな生活を続けていた。そりゃあ、現ナマキャッシュの酸いも甘いも見てきたよ。そしてトルコ国に日々、税を納めながらも、ウケに入った客のチップが大きくて、一年間で二〇〇〇万、貯金ができたんだよ。

「オレ、辞めるわ」二〇〇〇万、貯まったときにそう言った。何か格別の勝算があったわけでもない。

実家に電話をして、大晦日の日、大阪・梅田に家族大集合をかけた。親父や兄貴たちを梅田の豆狸という料亭に集めた。そこに、芸者という芸者をあげてどんちゃん騒ぎをやってやった。「やれ、やれ、やれぇ！」ってね。おやじは芸者飲みが大好きだったからな。そらもうカジノの金なんてあぶく銭だろう、それこそ性格も素性もよくないじゃねぇか。パーッと行くしかないのよ。

　そしたらもう、芸者衆がうちの座から離れようとしない。三味線やらなんやらジャンジャン鳴らしてましてね。芸者衆のサービスがえらくいいんだよ。えらく、景気がいいの。そりゃあ動かないさ、親父がばんばんチップを切っているんだもの。誰の金？　甲府で仕込んだわたしの金だよ。親父は興《きょう》が乗ったら止まらない男でな。さっき、親父にやったばっかの小遣いが、親父の懐《ふところ》を素通りして、全部芸者衆に垂れ流しになっている。「あ～あ」ってなもんだよ。

　そこで結局、三日間で二〇〇万を使い切った。新幹線代の四万くらいだけポッケに残っただけだったから、一八〇、一九〇は溶かしたんじゃないかな。でも、「あぁ、親父に対して、ひとつケジメがついたなぁ。オフクロが生きてりゃなぁ」なんて気分になったたな。なんだか禊《みそ》ぎを済ませた気分になった。スッキリとしたいい遣《つか》い方だったよ、あの金は。

「さて、どうしようかなぁ……」

ふたたび東向きの新幹線のなかで考えた。

「もう、役者はなぁ……、やっぱり役者しかねぇかな。うん、そうだな。でもな、役者をやったって、また元の木阿弥《もくあみ》だしなあ」

と逡巡していた頃の思い出話だけどさ。そんなとき、坂本九さんから電話が掛かってくるのだから、人生はおもしろい。それがまた犍陀多《かんだた》の前に降りてきた蜘蛛の糸のようなものだった。人生はおもしろいよな。その話はまたあとで書く。

寸法09 コント芸人はストリップ小屋が王道

昔っから、公園で練習する芸人は出世しないと言うらしいね。

だいたい、売れない芸人なんてのは、腹っぺらしの貧乏人でね。時間ばかりある。だから、ネタを考えては誰も居ないところで声を出して練習しようとなる。これがちゃんちゃらおかしい悪循環なんだな。発想の持って行き方というものが、反対も反対、大反対。

そりゃあ、たとえ雀の涙だろうが、木戸銭を払った客の目に晒《さら》されて、舞台で恥を掻かないと成長なんて起こりようがないんだよ。緞帳《どんちょう》が上がった、下りた、の間でしか、成長は見込めない。平和な世の中だから、そりゃあ、いくら呑気だろうが死にゃしない。だけど、成長すんのに、どれだけじっくり時間をかけるつもりなんだい、おめぇさん！　っつーことになるわな。

本番のつもりで稽古しろ、なんて常套句があるけれど、そんな小難しいことができるわけがない。誰が言ったか知らないが、あれは机上の空論だわな。稽古でできていたことが本番ではできません。それは多くの人間にとって当たり前だわな。わたしの業界じゃあ、そんな寝言は言えないが。つまり、日々の時間を本番尽くしにするよりない。そう考えるほうが話が早いってことなんだよ。

わたしが舞台で人を沸かせることを初めて体験したのは、チャップリンズというコント・コンビをやっていたときのことでね。一旦、整理して書いておくと、小豆島～三木のり平師匠～神様・高倉健さん～東映～商業演劇～カジノ～坂本九さん～チャップリンズ～コント・レオナルド、ってなるわけだけどさ。

後年になって『徹子の部屋』に出たとき、黒柳徹子さんが、「石倉さんの人生は、これ全部ホント？」なんて言われたけれど。まあ、別にそれ程驚かれることじゃないし、こっちゃ、その都度必死こいてやってきただけなんだね。

――――＊――＊――――

カジノのディーラーを辞めて、大阪で親父とドンチャン騒ぎして、また東京に帰ってきた。昭和五二年（一九七七年）のことだよ。

きれいさっぱりな気分になったはいいが、さぁどうするかと右も左もいかないときに、結局、日劇ミュージックホールに行ったんだよ。まだ有楽町の丸いビルがあった頃だ。いまじゃ再開発で、マリオンなんぞというしゃれたファッションビルになってるけれども。

当時、その汚いビルの五階だか八階だかにあったのが、泣く子も黙る娯楽の殿堂・日劇ミュージックホールよ。おっぱい出したきれいなお姉ちゃんダンサーのレビューがあって、ちょっと前までトニー谷さんや空飛小助さんらがコントをやっていた。昔は三島由紀夫が脚本を書いたことだってあるという。そこのオーディションに行った。

歴史と伝統の場に、こっちはどこの馬の骨かわからないペエペエだよ。客席の遠くのほうに審査員が居てさ、心細いったらありゃしない。多分、わたしがオーディションを受けたのって後にも先にもあん時だけじゃあないかなぁ。

　ともかく、そそくさと自分のネタを見せて、歌を歌って。当時、大流行していたのは『刑事コロンボ』でね。そこで「ちょっとものまねやります」って、コロンボの吹き替えをやっていた小池朝雄さんのまねをして「うちのカミさんがねぇ～」とやった。それでオーディションに受かった。それであろうことか、いきなり肩書きがコメディアンだよ。コメディアン石倉三郎。ダーンと。日劇ミュージックホールで半年コメディアンをやったんだよ。

　トニー谷さんなんて恐くってなぁ。「オレの舞台、汚すんじゃねーぞ」なんてよく楽屋ですごんでいたもんだよ。そんときは、さすがにそろばんは鳴らさないんだけど。日劇ミュージックホールってな、だいたい、二カ月ごとにコメディアンの顔ぶれが替わっていく。だけど、もう何十年も居て、ぬか漬けみたいになっているコメディアンも居てな。
　わたしが顔を出していたのはミュージックホールの最後の時代だったから、彼らや、ダンサーたちは、もっと実入りのいいディズニーランドや日光江戸村に籍を移し始めていたね。みんな散らばるわけよ。そこで忍者の格好していろいろ芝居やったり、何かダンスをやったりするんだろう。ギャラが飛び抜けていいからさ。こっちはそんなもん、行く気がねえよ。「忍者？　冗談じゃねえや」と思って、「もういいや別路線で」と。

そこに、蜘蛛の糸よ。坂本九さんから電話がかかってくるんだよ。


——＊——＊——


「歌謡ショーの司会を探しているんだ。サブ、やってくんないか？」

それもまぁ運だよ。またしても運ばれるんだよ。クソ溜まりんときに。そらもう渡りに船よ。こっちは食い扶持がないわけだから。

九さんの歌の司会をするからには、衣装が必要だ。さっそく九さんに銀座のテーラーに連れて行かれた。専属仕立て屋の高橋さんという人がいて、九さんと一緒に銀座に店を構えていたわけだ。そこの高橋さんが「サブ、おまえにも何か作ってやらぁ」と二着作ってくれた。わたしは九さんの服のよりもっとラフな感じで行きたかったから、ああしてくれ、こうしてくれ、と希望を述べた。

「おまえ、このやろう、うるせえな」

「だって、どうせ作ってくれるんだったら、オレの好きなものを作ってくださいよ」

「サブ、おまえはかっこいいよ。普通はそんなこと言うヤツぁ居ないよ、おまえ」

「そうですか？」

みたいな感じでな。

そうして、バリっとしたスーツも無事に手に入れて、九さんにお世話になって、歌謡ショーの司会で二年生き延びたよ。二年目の最後の仕事が終わった大阪の夜、ロイヤルホテルのバーだよ。世良譲さんというピアニストのバーで三人で飲んでいた。その夜、九さんがこう言った。

「サブ、おまえよ。おまえが役者を目指してるのはよくわかる。ただ、好きなだけで通用するような世界じゃあねえことは知ってるよな」

「もちろんよくわかってます」

「どうだ、おまえ。マジでオレのマネージャーやってくんねえか？　裏方になるんだけども、どうだ？」

言われそうな予感はしていた。

「どうかね？」

「どうかな、九さん。オレ、裏方は……」

「いや、おまえならできるよ」

「おまえはできる。オレもおまえだったら安心して任せられるしなあ」

「……」

「はい。まあ、ちょっと考えます」

「まずは考えてくれよ」

たしかに如才なく仕事はやってきたけど。だけど、自分の才能がどこへ向いているのかというのを、人様から告げられるってのは、正直、息が詰まるものでね。そりゃあ、そっちのほうが確実に食いっぱぐれはないんだ。だけど「表の世界で咲いてやろう」と夢持っているんだよ。第一、健さんと約束した！　というか、そりゃあ、辞められないでしょ！

あの健さんに言ってもらった言葉が耳から離れたことはないんだから……。そんなときに、裏の世界でやらないかと言われたわけだ。

これは悩んだ。三三歳にして、どっちに振るか。

九さんといっしょに東京へ戻ってきた。「返事、聞かせてくれよな」って別れた。


――＊――＊――

東京に戻っても、もう決まった仕事はない。それで一週間ほど、ウロウロウロウロ、どうしようかなあと思っていたんだ。映画を観たりなんかしながらブラブラしてたんだ。そうしたらば、ひょいと平凡太郎さんの弟子に出くわした。「サブちゃん、久しぶりだな。何やってんだい？」と。

平凡太郎さんといえば、わたしがケツをまくって甲府にルーレット回しに行く直前に会話を交わした相手だよ。そのお弟子さんとここで出会う偶然を感じたよね。この弟子はとんぼちゃんと言うんだけれど、わたしより歳が二つ上で、昔コントをやってた人だった。今は、デパートの屋上で戦隊物の子供ショーってあるじゃない？　ゴレンジャーが来たとかなんとか。そういうのやっているんだけど。こいつが突然「コントやらないか？」って来たわけだ。

「コント？　コントってあの浅草のコント55号がやるようなやつかよ？」

「そうだよ」

「冗談じゃねえよ、そんな才能がどこにあるんだよ、そんなのできるわけねえじゃねえかよ。冗談じゃねえや」

「いや、大丈夫だって、オレは、だって昔やってたんだから」

「だめだよ、おまえ」

「いや、だからもう一回やりてえんだよ。いいぜ、コント」

「ネタはどうすんだよ」

「ネタは、まあ自分らで考えたり、……まだ考えられないし、だからだれかに頼もうよ」

「いくらかかんだよ？」

「五万ぐらいで」

「おい、五万だって？　オレは今、家賃四万円だぞ、おまえ。その五万で……、それでネタは、おもしろいのかよ」

「そらわからねえよ」

「そんなおまえ……、博打できないよ」


ここが私のセコイところで、寄席芸人はなぁ……と。だって、わたしは俳優になりたいわけで、その路線を敷き直そうとカジノから戻ってきたわけだよ。そこへ、とんだ拍子に、「マネージャーかコントか、って引きが来たもんだ」ってなことよ。そりゃあ、お声が掛かるくらいだから、多少なりともわたしにも、向いてるモンがあるんだろう。で、コントよ。表よ。裏じゃねぇ。

それで九さんには、「実はかくかくしかじかでコントやります」と報告した。

「そうか、おまえ、よかった。サブ、頑張れよ。じゃあオレが作家を紹介してやるよ」と九さんが言うんだよ。

「えっ、いいんですか？」

「おー、構わないよ、御祝儀で書いてもらえ」

「誰ですか？」

それが高田文夫氏だった。

高田文夫氏がまだぺエーぺエーだった頃の話だ。〝どんどんクジラ〟ってニックネームの塚田茂という有名な構成作家が昔居てね。高田ちゃんはそこの一味というか、そこの社員だったんだ。これが九さんがやってるＮＨＫの子供ショー番組の構成をやってたんだ。

高田ちゃんはもうトボけたおもしろいヤツでね。キミが芸人になりゃあよかったんじゃないか？　って言うくらいで。もっとも今は案の定、凄い人気者になっているが。それがまあ、もう、ここだけの話だけど、これが何とも可愛いネタでね。そりゃあ、高田ちゃんにしてはおもしろくないだろうさ。どこの馬の骨ともわからないコント屋に、しかも、ノーギャラで書くなんて。文句を言うほうが筋違いだわな。高田ちゃん、ゴメンヨ！

ともかく、それでとんぼちゃんとコントの練習を始めたのよ。石倉三郎、三三歳にして、人生初のコント挑戦よ。

――――　＊　――――　＊　――――

電車のシーン。

ガタゴトン、ガタゴトン、ガタゴトン……。

空中をつかんで、そこにはないのに、あるようにつり革を握っているパントマイムをしなきゃいけない。そのことすらが、もう当時のわたしには恥ずかしかった。だって、ないじゃない、つり革が。なのに手をグーに握って上げている。それが電車に揺られた拍子に、つり革を持ったままなのに、よろけて、立っている場所がすご～く移動しちゃうというコントだった。正直に言って、おバカみたいでさ。相棒に言うわけだ。

「なんでこうなるんだよ」

「だってつり革があるからこうなるんだよ」

「つり革はわかるよ」

「伸びるんだよ、つり革が」

「そんなばかな。コントなんてできないよ、オレは！」

という世界。いったい、何をおっ始めちゃったんだろうなぁ、と冷めていた。ただ、相棒が、まあ好きなんだよ。張り扇《せん》を作ったり、なにかしらこしらえるのが。

ある日、輪っかを作ってきた。

「なんだよそれ」

「サブちゃん、これ持ってやろうよ、つり革」って。

「こんなものパントマイムでいいんじゃねえのかい？」

「いや、作った方が臨場感があるから」

「あらそう？」

コントなんてわかんねえから、こっちとしては、なにもかもが恥ずかしいばっかりだった。

コンビの名前はチャップリンズに決まった。

この悲しい名前ったらないぜ。その昔、「千葉の女は乳ちぼり」というギャグで一世風靡した、今は亡きストレートコンビの橋達也さんってのが居てね、その橋さんは、財団法人日本喜劇人協会の会長さんをつとめた。現在、橋さんのあとをついで会長をやっているのは小松政夫さんで、何と私石倉三郎めが副会長という重責を担っております。

閑話休題。その橋さんが当時所属していた事務所の社長がつけてくれたのがチャップリンズだった。事務所の社長が「夢よ、もう一度」っていうのが、わたしだったんだよ。稽古場が大塚にあって、稽古場があるっていうのはすごいなと思った。そこで稽古をしながらチャップリンズをやっていた。結局、わたしがネタ書いたりなんかしてさ。

相棒は百面相芸が染みこんだヤツでね。変な顔をして客席をねぶり回すように見て笑いを呼ぶ芸風でね。ラッキーセブンのポール牧さんの弟子でな。わたしはどうもそれが嫌いなんだ。「芸じゃないじゃねぇか、客に媚びを売っているだけだろ」と思っちゃう質《たち》でな。

今なんて、キャッチフレーズだけ単発で叫んで百面相みたいなのがギャグだ、お笑い芸人だ、なんてちやほやされているけれど、あれはわたしにはまるでおもしろくはないよ。それはご覧になる人、各人の好き嫌いと言ってしまえばそれまでなんだが。もう少し、こう、芝居仕立てで筋と話で笑わせたい。そういう願いが当時からあった。結局、コントといっても芝居なんだろう、みたいな。

それでもなんだかんだで、お客もまばらな浅草演芸場でやっていたんだよ。それで、テレビ東京で仕事をもらってな。同じ頃、『おもいで酒』で再デビューしたのが小林幸子だよ。稲川淳二なんかもいた。稲川淳二はテレビ東京で、ちっちゃなコーナーの司会やってみたり、そんな時代。わたしなんかもテレビで出てな、ドッタンバッタンやってたんだよ。その頃の思い出は稲川淳二が詳しく知ってるけど、「チャップリンズは強烈だったよね、飛びげりありありの何ありの、やってたよ」。たしかに真剣にやっていたね、っていうのがあったんだよ。ツービートってすごいヤツらがバカみたいに売れ始めて、たけちゃん（ビートたけし／北野武）と初めて会ったのもその頃だよ。

そこでだ。

やっとコントってのがわかる日がわたしにやってくるんだよ。目が開く日が。

ある日の舞台。いつも通り、刑事の取調室のコントをやっていた。

オレが刑事役で、「ほら、かけろ」なんて犯人役の相棒に椅子をすすめると、相棒は「イチニ、イチニ」と舞台を駆けてる。

「なにやってんだ？」

「駆けてます」

なんてね。もうそういうのがつまらなくて、こっちはド頭に来るんだよ。もちろん客だってシラーっとしている。ところが、

「さ、早く吐け。吐いて楽になれ」

なんてこっちがセリフを言うと、

「ゲーゲー」

と吐くふりをして客に媚びている。

その瞬間、オレの中で何かがプッツーンと弾けてね。

「てめえ、わからねえのか」

ってバアーンって顔面を引っぱたいたんだよ。もうこっちは芝居じゃないのよ。日頃の鬱憤《うっぷん》が破裂して、バアーン。そしたら、

「鼓膜が破れちゃったよ、鼓膜」

「あー?」

「相棒ー!」

「相棒だぁ?、この野郎」

「あー、今、耳、鼓膜破れた。ゴォーゴォーいってる、ゴォーゴォーいってる」

って叫んでいるんだよ。それを見て、客がドッカンドッカン、ウケている。コントだと思って腹を抱えて笑っている。


あぁ~~、これがウケることなのか、と初めてわかった瞬間はあれだったね。ネタじゃないんだが。もう鳥肌がダァーッと立った。横で、相棒が耳を押さえて転げ回っているのを見ながら、なるほどなあと冷静な気分で思っていたものだよ。もちろん緞帳《どんちょう》が下りた後、相棒は救急車で運ばれましたがね。

「あぁ、これか!」という芯を掴み取る感覚、本番の空気感なんてものは、稽古じゃあ絶対にわからないし、よしんば素晴らしい師匠がいくら口立てで説明してもわかるもんじゃない。

この「鼓膜破り」の一発で、オレは客席と板の上の演じ物の関係、空気がわかったね。

簡単に言うとリアリティーってことなんだと思うよ。客に媚びてたって何も始まらない。客に目線を向けて台詞しゃべってってもしょうがないって話でさ。

だけども、コントの空気〈舞台があって、その前に客がいる。空気を介して繋ぎ合わさらなきゃなんねぇ〉ってことに慣れてなきゃな。

だから、すっかり話が長くなっちまったけれど、公園でいくら練習しても駄目ってことでね。緞帳が上がって、はい、本番ってならねぇと、ちっとも力はつかないってことよ。練習した、練り込んだと気負ってみても、それを皿に出して、はいどうぞ、ってもんじゃないんだよな。後にコント・レオナルドを組んで、お上が開く園遊会に呼ばれたりしたとき、あの鼓膜破りの舞台があったからのことだろう。

余談ながら、当時の中曽根首相を悪く言って笑いを取る新聞ネタが武器のコンビだったが、園遊会で中曽根首相と並んだときに小声で「そんなに悪く言わないでくれよ」と囁かれたのが、個人的には最大に笑えましたがね。

その頃、チャップリンズで鶯谷のキャバレーでやったとき、楽屋にトウモロコシの毛みてえな頭で現れた汚いオッサンがレオナルド熊よ。「相棒を探してるんだ、組まねぇか」

と来たよ。見れば薄汚れたオヤジだし、こっちは一旦乗った船だけど、オレはチャップリンズをやっているし、そのことを言ったら「ア〜、けど、あんたはオレと組んだ方がおもしろいと思うぜ。まぁ、一度、オレの出てる小屋においでよ」ってことで、翌日の昼間、新宿のストリップ小屋に行った訳。呼んでくれてんだからね。で、もちろん、熊も相棒は居る。まあ、道中いろいろあって、組むことになって、そこで、二年程して、何とか熊とオレは売れたわけだよな。

――――*――――*――――

こっちがキャバレーや演芸場でドサ回りをやっていたときに、すごいのが出てきた、って、ツービートというのが騒がれていた。もちろん見た。おもしろいなぁと思っていた。最初に思ったのは「オレとはたいへんな違いだなあ」ということ。

どういう意味かというとだな、わたしゃ役者では食えず、一度、この世界をドロップアウトして甲府へ行き、坂本九さんの歌謡ショーの専属司会をし、それでまた役者がやりたいと思いながら表の世界に戻って来て、道違いでコントやってるものだから、「漫才一筋で来た人間はやっぱり違う！」と切に感じたんだよな。こいつは違うぞ。なんともしがたい開きがある。夢ばっかり大きくて、役者になりたいって夢しかない（にも関わらずコントをやっている）男と、完全な漫才師、比べるだけ悲しい。

浅草演芸場の楽屋で横になって寝てたとき、ふらりとやって来て、「おじさんも、この小屋じゃ浮いてるみたいだな、飲みに行こうよ」と誘ってくれたのがたけちゃんだったね。それが初めての会話。そっから、ジャリ銭で飲む仲になってね。こっちがコント・レオナルドになってからも、よく飲んだよ。

飲むときは芸の話しかしないんだ、ふたりとも。ネタがどうだとか、あそこの間がどうだったこうだったとか。あとは漫才や舞台事をやる人間はみんなして映画が好きだったから、あの映画がどうだこうだってな話。「結局、おじさんはやっぱり役者だもんなぁ」なんて、たけちゃんに言われていた記憶がある。バカにするでもなく、ほめるでもなく、生き方がこれだけ違うんだよなあ、なんていうサラッとした話をする関係だった。

たけちゃんの家によく寝泊まりしたよ。売れまくったたけちゃんは忙しくて、かみさんを家に置いてきぼり。仕事から帰ってきたたけちゃんが、

「おじさん、なんでまだ居るの？」

「そら、ひまなんだから居るだろうよ」

「だって、オレの奥《カミ》さんだって居るし」

「そりゃ、奥さん居たって、こっちだって居るさ。ほら、いいからおじさん、まずメシ食え！」

なんて。たけちゃんも、

「いただきます」

なんて食ったりして。今考えたらめちゃくちゃだけどね。

たけちゃんが売れに売れて、マンションを買ったとき、彼は引越なんてしてるひまがないから、冷蔵庫を担いで上げたのは、わたしと鶴ちゃん（片岡鶴太郎）の女房、あとは知り合い数人だった。それを見に来て「たけしの引越だぁ〜」なんて騒いでいる近くの小学生のクソガキが、浅草キッドの玉袋筋太郎だったらしい。

後年、映画『哀しい気分でジョーク』とか、たけちゃんの、いや、世界のキタノ、北野武監督の映画『座頭市』にわたしを使ってくれたり、いやいや世話になりました。

寸法⑩ 名が売れりゃ、仕事は来るし、客にもウケる

　客というものを目の前にして生きる仕事をして長〜いわたしからすると、ウケるコツというのは簡単でな。その極意は、「自分が有名であること」。身も蓋もないことを言ってしまえば、たったこれだけなんだよ。無名なものはいくら出来がよくてもウケやしねぇ。有名なものは不出来でもウケる。それ以外の真実はわたしにはちょっと思い浮かばないので憚《はばか》りようがないでさぁね。

　要は、ウケる、ウケないなんてのは、好意的に見ているかどうかの違い。客というものは、期待があれば少々のしくじりには目も止めない。良いところばかりに焦点を合わせて勝手に見て、勝手に良い解釈をしてくれるものなんだな。悪く言えば、好意的に見ていたのに、ある瞬間、なにかの理由で反転すれば、袋叩きにしてしまう。それが日本人の国民性であることは、みなさまがよくご存じの通り。悲しい話ですがね。

　だから、「ちょっとでも名前を取り上げてもらえ」「ちょっとでも覚えてもらえ」と若い

衆たちには言う。日本人に合うのは、ちょっとでも友達感覚に、ちょっとでも兄弟感覚に、ちょっとでも叔父と従兄弟の感覚に、ちょっとでも親子感覚に、と、こうなるわけだよ。

ところが、筋を誤ると、お大尽《だいじん》と太鼓持ちの関係になって、端から見ていると鼻持ちがならなくなる。芸能界で活躍している中高年の役者さんでも多いですよ。スリスリスリ、キンバエみたいに頭に止まって、手を合わせて役をもらっている輩が。もう指紋がすり減ってるんじゃないかな。わたしがゴマをするのは、家でゴマ和えを作るときだけなんですがね。そのときは、ちゃんとすり鉢の下に濡れ雑巾を敷いてください。そうすると滑りません。これは豆知識な。


話を戻すと、日本の国でことをやる以上、「身内贔屓《ひいき》」からは逃れられないぜ。有名人を友達だと思っちゃう国民性だから。もしウケたいなら、有名になって、迷惑だろうが勝手だろうが、友達だと思われることに尽きる。なんて文化度が低い話だと思うがね。現実を言うとそういうことよ。そして、身内のほめ言葉ほど信用できないものはないというのは、わざわざ言うまでもない。

コント・レオナルドで売れたときなんてな、「コント・レオナルドですっ」と舞台に出るだけで、もう客はドッカンとウケている。こりゃ、いったいなんなんだ？　と思ったよ。もちろん、自分たちがおもしろいことをやっているという自信はある。だけど、自分たちが書くネタなんて、昔からそうは変わってないんだよ。「なんだよ、これは……」という思いもある。でも一旦、有名になってしまえば、何をやっても客は転げ落ちんばかりに笑っている。同時に、金がガバガバ入ってきた。

――＊――＊――

ワンステージ三〇～四〇分やって、一二〇万。当時のトップのツービートよりもらえていたらしい。つまり、相方の熊の体調不良で仕事を断るたびにギャラが上がっていくのよ。「コント・レオナルドはなかなか出演してくれない」という噂が勝手に流れたことによって、彼らを抜いてしまったんだな。そのステージが月に二〇日以上ある。そうするとこんな恐ろしい金、どうやって使おうかという問題が生まれるわけよ。マンション買うなんて頭もないし、車を買うほど車好きでもない。オフクロでも生きていればどんどん金を送ってやるのになと思った。正直な気持ちは「怖い」。

自分のやっていることはおもしろいという自信はあるけど、自分には才能がない、という相反する感情が際立ってくるという状態になる。つまり、身分不相応な金、という感覚だね。苦労しているくせに、あぶく銭だと思い込んでしまう。

と、なると、飲むしかないだろ。飲み飛ばすしか思いつかない。飲み代にさんざん溶かす。チップチップの連続。しょちゅう行く焼き鳥屋なんかで、

「うわー、サブちゃんいいジャンバー着てるね」

「ん、じゃあ、これおまえにやらあ」

みたいな世界でね。

「えっ、いいんですか?」

「いや、いいよいいよ。それ昨日買ったんだよ、言っとくけど」

そんなんだから、もてないわけがない。


コント・レオナルドは、花王名人劇場の名人賞をもらったり、それこそ、お上の園遊会に呼ばれたりするわけだけど、あれがウケたのは、客目線で媚びを売らなかったことだろう。その辺はオレは演出家と稽古場でよく真剣に戦ったよ。「芝居としてコントをやるんだ」って一線は譲れなかった。

ともかく、コント・レオナルドやってるときは、この名前を利用して役者の世界に戻ることしか考えてなかったね。とにかく熊と仲が悪かったから。こっちは名前を出そうという手段だと考えていたよ。将来、役者になるための布石だよ。割り切りだよな。

それだけ心に決めて、売れてるときはな、人間、ヨーイドンで走り出したら、何も考えてないよ。走ってるときに考えているひまなんてない。そのときはザーッと流されてる。見える景色もザーッと流れてるしな。止まることもできない。

とにかくやっとこさ食えたーっ、だよ。三六歳で。

一方で、これで役者の仕事が来る、と冷静に確信している図太い自分が居るんだよ。なんてったっていくらかは売れたんだから。案の定、石倉三郎様、といって、出演依頼が来ましたよ。とうとう、役が付いた。わたしはずいぶん、遠回り、それも大回りをしたけれども、長くかかって三〇も半ば過ぎて、まあまあ役者になった。

子供の頃にスクリーンを観て憧れた場所にたどりついた。以来、こちらからこの役をください、とお願いしたことはないんだよね。

勿論、わたしのマネージャーは厳しい環境や状況で、ヘイコラしながらわたしのために仕事をもらって来るんだろうけど、私個人としては、頼みたいんだけどね、テメーの方から頼んで、その役をこなせなかったらどうしようか、いや、まだまだ、役をくださいなんて、そんな不遜なことを言う立場じゃねーと。実はこれ、いまだにそう思ってますわね。もっとも、頭を下げようが、ヨイショしようが、役に合わなきゃ使っちゃくれませんけどね。

勝手にことが転がる感覚というのは、そういうものなんだよな。

寸法⑪「顔見せ」「名乗り」に怠慢こくな

「棚からぼた餅」の人生を振り返ってみると、わたしが自力でやってることなんて小さい小さいことよ。「挨拶」「呼ばれりゃついて行く」「笑顔」「辛抱」「見て盗む」みたいなことでさ。誰もがやってるようなことだけど、私もやってきたつもりなんだ。地味なところを。運びを起こすマジックみたいなものの種は案外ショボイもんでさ。ショボイ種が手品に見えるから、これまたおもしろいわけでな。手品ってのは、それこそ相手の寸法感覚を狂わせるところが味噌なんだから。

まぁ、人の出会いのド初っぱなといやあ、挨拶だろう。名を名乗れ、ってことだろう。名を名乗れない、うしろめたいのか、なら現れるなよ、ってことだろう。

挨拶がちゃんとできる。これに優るものはなく、最低限の腕だよな。それはわたしが言うまでもなく。それがなきゃあ、運びも運ばれも起こりやしないね。

挨拶ってのは、

「拙者、これこれこういう素性の者でございます。あやしい者じゃございません。ここで会ったも何かのご縁、よろしくお願い申し上げます。お会いできてうれしゅうございます。以降、お見知りおきいただければ幸いです」

ってのを、短く縮めたものだろう。世界広しといえ、挨拶のない国ってのは聞いた試しがないよ。

大きな声で元気よく。そんな小学生のときに習ったバカみたいに思えることが、あとあとずうっと人生ついてくるんだよ。小学校はありがたいもんだね。あれだけは本当に学校で教える大切なことだ。先生が口酸っぱくして言ってただけのことがあるなと還暦を過ぎても思うよ。

いま挨拶のできないものが多すぎる、なんてみんな言ってるけどさ、挨拶しない輩は自分が大損をこく。たとえ、後ろからいきなり斬られても文句は言えないという話。ただ、出くわしてしまったら、こっちも少々機嫌がよろしくなくなる。そりゃあ、ふつうにパーンと明るく行こうや、ってことだからな。ふだんの出会い頭の挨拶ってのは肩慣らしみたいなもんで、

「おはようございます」

「よっ、おはようさん」

これで済むじゃないか。

帰りは

「おつかれさん、お先」

「おつかれさんです」

それだけの話じゃないか。それで締まるんだから。屁でもないだろう。

ここだけの話、中途半端なスター気取りの奴ってのはまずいないね。

だからというんで、挨拶をすればいいんだろ、みたいになったんだかどうだか知らないが、年賀状を印刷で送るってことが、何の後ろめたさもなく普通になってきただろ。実にこの習慣も案外カチンと来るものがあるよな。

わたしは悪いけれど、手書きでない葉書、手紙の類は一切見ないよ。ゴミ箱に直行。まあ、少しオーバーだけど、仕事関係とかは仕様がないけど、せめて、私信くらいは手書きでお願いしたいよなあ。

一筆啓上、という心持ちを忘れてしまってるからそうなるんでしょうな。今日、墨を擦って筆で書けなんたぁ言わないが、言いたいことがあって、それを書くんであれば、手で書きなさい。それが礼儀でしょう、という思いは簡単にはなくせないよ。

作家の池波正太郎さんは、毎年二月から翌年の年賀状を書き始めたという逸話の持ち主だが、そりゃあ、もらった人は気持ちいいだろうなあ。天下の池波先生の手書きの絵ハガキなんだから心こめて、キチッと相手を見て書くんだからそうなっちゃうんだが、葉書一枚くらい思いを込めてみなさいよ。「そうでなければ、せっかくの気持ち、届きやしませんよ」ってことだろう。

わたしも高倉健さんには、毎年一度、ない頭を絞って、うんうん悩みながら、感謝と現状報告とをしたためていた。挨拶は顔と声、それができなくば自筆。ここだけは絶対解《ほど》かない。

——＊——＊——

それは当然やるとして、芸の世界では、挨拶自体と同様に、挨拶をした直後ってのが重要でね。それを、芸の世界の言葉では「ツカミ」という。

お客さんに名乗って顔を見せて、その後の一瞬で、バッと記憶に残してしまう感覚だね。記憶に残すと同時に「次は何をやるんだ？」と興味まで持ってもらう。そこまで完了して、芸の世界のご挨拶なんだよな。

そこまでくらいは当然のようにワンセットで考えておかないと、芸の世界では生きていけない。誰が何の拍子で、おもしろく美味しい仕事をくれるかわからないわけだから。

顔が売れていない時分のわたしの得意パターンは（いまも得意だが）、知らない人にご挨拶するとき、まず声が大きい。もうこれで一本だろ。バカみたいにでかい声で挨拶してるヤツが居りゃあ、そりゃあ記憶に残る。晩飯時に思い出す。「あぁ、こういうヤツ、今日居たな」って。

わたしの基本姿勢は「自虐的に笑われようじゃないか」ってことなんだよ。そうするとね、ものすごく物事が簡単明瞭に進んでいく。

「はじめまして、石倉三郎と申します」

間髪を入れず

「すみません、便所どこですかね？」

と聞く。「トイレ」じゃなくて「便所」って言った時点で勝ちだろ。

「べ、便所？」となるから。

「さっきからクソしたくてしょうがないんです」と小便なのに（別にこんな穢《きたな》いネタを使った訳じゃないけど）。

要は「変わったヤツだな、そそっかしいヤツだな」と思われたら上等。そして、スッと戻ってきて、後は渋く、

「失礼しました。よろしくお願いします」

ある種、常識を逆手に取って、バカヤローと思われながら懐に入る。能ある鷹は爪を隠

すほうがいいとは思うけれど、だいたい隠すまでの「能」がないだろ？　出し惜しみせずに端から手を見せる。だけどそれだけじゃない。こっちの「バカヤロー、舐められねぇぞ」という意思表示でもある。そんな主導権のことも考えて挨拶していたね、若いときは。

芸能界の慣習の話をすると、楽屋挨拶というのがあってな。

小屋（＝劇場）やテレビ局の楽屋（＝控え室）に入ったとき、先輩が同じときにその建物にいたならば、その楽屋に足を運んでご挨拶をする。

「石倉三郎でございます。本日はよろしくお願いいいたします」

とやるわけだ。先輩は、

「お、がんばりな。よろしくな」

なんて一言二言声を掛ける。また、ありがたい苦言をいただけるチャンスでもある。そうでなくても太鼓持ちに囲まれて、のぼせやすい業界だから貴重な機会なんだよ。

この歳になると、こっちは挨拶に来られる側になることが多いんだよ、そりゃあ。この世界で食ってきたわけだから。バラエティー番組なんかに出るようになってテレビ局に行くと、どうも勝手が悪い。

当然、そういう番組でのオレの役どころは「鬼の如く怖いおじさん」ってところだろう。ミスター所ジョージなんておもしろがって呼んでくれるんだけれど。だから、それをわかっていて、こっちは芝居を演じるわけだが、若手のなかには、本当にびびってしまって挨拶にも来ない輩がいるんだよ。わたしのほうも、何の取り柄もなく顔面人気だけでテレビに出ている若者にはさしたる興味はないけどさ。それにしても挨拶くらいはできるだろうよ、人間なんだから、と思うよな。こんなところまで教育がなってないなあ、廃《すた》れたなあ、と嘆く場面だよ。

寸法⓬ 酒の誘いは一切断るな

挨拶の次っていったら、酒の席だろう。

うちの若い衆に言うこと。

「誘いは一切断るな、酒の席には福がある」

「物事放り出してでも行け」

そりゃ、飲めるヤツもいりゃあ、一滴も飲めないヤツだっている。もっとも、わたしゃ、酒の飲めない人間なんてホント、可哀想だなあと思ってますね。人生の三分の二はわかんねぇで過ごしちゃってるんだろうなぁと思うけれども。

「来ないか?」って言われたら、わたしに運があるんだなと思う。行くよ、すぐ。フットワークの軽さを出したいし、「付き合い悪い」と言われたくないし。それはある種の見栄だったりもするんだけど。いや、なにも酒席だけじゃない。誘われたら余程のことがない限り、断らない。

酒の席にはどんどん出て行かなきゃならない。簡単な話でね、顔を売れってこと。袖振れ合うも多生の縁ってヤツを、一発カマしておけってことだよ。かたぎのみなさんが、日々、名刺をお配りになるように、わたしらみたいな商売は「顔」が名刺だからね。そりゃあ、徹夜続きだろうが、調子悪かろうが関係ない。配ってなんぼ。酒席にいない役者で売れたヤツなんてのは、ひとりもいない……と独断と偏見で思っとります。

まぁしかし、なにも特殊な例ってことでもなくて、かたぎの人だって同じことだと思いますよ。結局、仕事なんてのは、虫眼鏡で見れば、人のつながりでしかないんだから。どんだけたくさんの人と顔をつきあわせて出会ったかで概ね決まっちまうもんでね。にも関わらず、酒席に出ないなんてのは、それは横着が過ぎるというもんだろうよ。

　わたしらみたいな商売の人間から、かたぎの会社員ってもの見りゃあさ、多くの会社員ってのは、言い方が悪いけど、だいたい社名っていう看板で商売しているわけだ。看板がなきゃあ、あなたの机の電話は鳴らないわけ。いやぁ、鳴らないよ。おもしろいくらいに鳴らないね、これが。

　よしんば、「○○さんをお願いします」とあなたに電話が回ってきても、厳しい言い方にすると、それは担当だからで、やっぱり看板の下の窓口に座っている係の人ってもんでさ。極端に言うと、役所の役人と変わらない感覚なわけよ。「へぇ、そうですか」みたいな。最初はそっから始まるよな、今日、人間関係なんて。

　そうやって、看板や肩書きで商売してるのは、そりゃあ、うまいことといってるのかもしんねぇ。いい仕組みなのかもしれねぇ。芸の世界も似たようなところはある。看板商売の部分が。

　でも、しかしだよ。わたしとしては、ありえないことを祈りたいやね。こっちは学歴も血筋もなくて、それとは関係なく生きる道を探して、漫画家か、奇術師か、役者かってなかから、こいつを選んだわけだから。手ぶらで腕ひとつでできる仕事ってことでだよ。するど、いかに代えがきかないか、ってのを、できりゃあ勝負所にしたいわけだよ。食ってくためには。

当然、テレビ局の担当さんも、出版社の担当さんも、会社員になってきますよ。わたしだって、会社員と仕事で付き合うケースが出てくるんだけど、こう見えても、人見知りがひどいもんだから。

酒の誘いはそういう顔と顔でつながる端緒って意味もあってさ。顔でつながる道筋なんだな。ホントにありがたいもんでね。また、裏を返せば、誘われるだけで目があるってことだから、ホイホイと尻を軽くして馳せ参じろ、って。迷うことがどこにあるんだ？　わたしは若い衆に口を酸っぱくしてこのことを言ってるね。

寸法⓭　笑顔の自己暗示をかけろ

うだつのあがらない人様に言いたいのは「オレはなんて楽しいんだ！」って思っていた

ほうがいいってことだな。「毎日毎日、なんでこんなにおもしろいんだろう」と思ったら、これがおもしろくなってくるんだから。不思議なもんでな。

そんなことはずうっと忘れている。忘れているんだけど、不意に思い出す。「今日も一日笑顔でいきましょう、いいか、笑顔ですよっ」と自分で声を出しながら、家《うち》で指を折っていたんだよ。そんなこと、家を出たとたんに忘れているんだけれども、長くやってると、あれはおかしなもんでね。自己暗示が自分にポコッと入っちゃうんだよな。

そんなばかばかしいこと！　って言うヤツがいたら、言うこと自体が苦労してない証拠なんだな。逆に言やぁ、そんな子供みたいなことすらできねぇのかオマエ、ってことだろう。いいよ、ばかばかしくて。ばかばかしいか、ばかばかしくないかは、こっちが言っていることなんだから、やってみろオマエ、ということよ。

所ジョージなんて、いつもニコニコホンワカ、お天道サンのようで、この人は凄いね。まあ、この人も本当に天才だわな。笑顔でいく、笑顔でいく、笑顔でいくだけでいいんだよ。心の中で言やぁいいんだ。どんな人間でも、最低、誰でもが自力でできること、ってのが笑顔なんだよ。外からおもしろいこと、おかしいことがやってくりゃあ笑う。でも、それがなくったって、楽しいことを思い浮かべれば、人は笑える。楽しいことを思い出せなくても、感謝の気持ちを浮かべることができたら、人はじんわり笑うもんだ。

ウソだと思ったら、いまこの本を置いて、やってみればいい。なんか楽しいことを思い出してみてください。なんでもいいから感謝の念を浮かべてみてくださいな。ほら笑えた。ってことで、笑えない人間ってのはこの世にいないわけよ。全員が全員、生まれ落ちた瞬間から泣いて、そのあと笑うんだから。

笑顔のないところに女神は来ない。これはね、理由はない。説明しろったってわたしにゃわからない。でも、事実だね。心当たりある人も多いと思うよ。女神って言うくらいだから、女なんだろうよ。女は笑いが好きだろうよ、ってことでいいんじゃねぇかな。とにかく、笑ってる人間にしか、いいことは起こらないってことよ。単純すぎて、すぐに忘れてしまうことでもあるから、こうしてわざわざ書いておくわけなんだがね。

じゃ、笑顔は誰もができる。その次に誰もができることってなんだって言ったら、これが挨拶ってヤツでね。大きな声で元気よく挨拶。小学校で習ったろ？　あれを紙に書いて壁に貼っておけばいいのよ。実際、人間の大切なことって、これに尽きると思ってるけどね。類は友を呼ぶって話で、笑顔で挨拶できる気持ちのいい人間には、そういう人間が集まってくるってもんだ。

わたしは朝をトチったことがないのよ。目覚ましが鳴る一〇分前に必ず目が覚める。「ええと今は二時。起きるのは朝六時。そしたら、三、四、五、六。四時間、つまり、四時間寝たら起きる」。そう念じて眠りにつくと、もうピタッと目が覚める。自分でも気持ちが悪いが、もう何十年もこれだよ。自分で自分を動かすことって、そういうことだろ。

芸能界というのは、親が死んでもトチれない世界、子供が産まれようがトチれない世界。そんなものは関係ない。責任感たるや、半端じゃないですよ。

だから「なんて楽しいんだ」って体に入れていくうちに、それが楽しいことを呼ぶ体になるわけだよ。そういうところで勝負すればいい。逆に、愚痴ばかり垂れているところには、愚痴が集まってきて、愚痴の体になってしまうんだな。

寸法⑭「我慢」は無理だが「辛抱」ならできる

どうやったら芝居の世界で食えるんですか？　なんて野暮な質問をした記者がいたよ。

「どうやったら食えると思う？」

と逆に聞いてやったら、「頑張ること」とその記者氏は言った。頑張るなんて抽象的なこと言うなよ。頑張れって言葉くらい、こんな無責任な言葉はないんだよ。走っている人に頑張れっていうのはわかる。いま走ってるんだから。でも歩いている人に頑張れって、ふつう言うか？　言わねぇよなぁ。なにを頑張るんだよ？　ってことになっちまうだろう。

だから己の中で何かにつけて「頑張る」って言うより、辛抱するってことをまず覚えろよ、ってことなんだ。辛抱、辛抱、辛抱、辛抱、全部辛抱。つまり、辛さを抱くってことだよ。抱きしめるってこったよ。

これ、似ているけれど「我慢」じゃないんだよ。そこが味噌よ。我慢は、そりゃあなかなかできないよ。あれは難しい。男がどう、女がどう、ってことじゃなくてホモサピエンスってのは我が強いから。我慢は骨が折れるほど難しい。でも、辛抱ならできるだろうよ。なんかわかんねぇけどギュッと抱けばいいんだからさ。
これ実は例の大僧正の受け売りでな、「おまえ、我慢せぇと言われても人間、我慢はできないんだよ。同じことを、言葉を換えるだけで、辛抱せぇと言われたら辛抱できる」って言うんだよ。「我慢」というとオレだけ？　と思うけど、「辛抱」というと皆もやってい
るのかなってパブリックに思うだろ。言葉のマジックよ。言葉はおもしろい。

ま、いずれにせよ、「ボウフラも蚊になるまでの浮き沈み」ってヤツよ。ボウフラだって蚊になりゃ飛び立てるんだよ。浮き沈みは日常のことなんだから、それを考えなきゃ、この世界に生きている意味がないんだから。楽しめよ。今やってる生活を楽しめ。

生活が暗いヤツに運命の女神は微笑まない。故に、一番大事にしなきゃいけないのは、常に笑顔。苦しけりゃ苦しいほど、哀しけりゃ哀しいほど、笑顔。もうそれしかない。

「笑顔で、大きな声でハキハキと」って小学校の一番最初に習うだろう。ちゃんとした生きていくセオリーを子供の頃に習っているにもかかわらず、自分の性格ってヤツがだんだん強くなってくるのよ。性格ってのは傲慢さと背中合わせだから。誰しも自分自身をいい

ように持っていきたいのよ。

今や、超一流企業なんてのはないわけだ、そんな神話は。そうするともう、自分の生きる「よすが」しかないわけだ。生きていくためには全知全霊を使ってやるしかないわけだろう。企業があてにできなくなったら、自分なりの才覚で生きていくしか、しょうがない。問題はそこだろう。

そうすると、自分の性格よりももっと前に戻って、「笑顔で、大きな声でハキハキと」まで戻るしかないんだよ。性格なんざをあてにしてちゃあどうにもならないよ。もっと下に床がある。だいたい、自分の性格をかわいがるが故に、己の仕事に関する最も大事な方法をどんどん逃がしてるんだよ。自分の性格が好き？　そんな気障ったらしいヤツに誰が仕事をくれるよ？　出世できないヤツっていうのは、やっぱり幼いよな、と思うことが多いんだよ。よすがってものを知らないってことなんだと思う。

人生のハイライトはいつも作ってた方がおもしろいよ。つまり、それは後から考えればハイライトだったってことなんだよ。だから道中はどんな苦しいことでも、楽しんでいればいいんだよ。たとえば、仮に売れて食えるようになったとき、まあ、お決まりのように取材されるわな。そんなときに「こんなこともあったんですか？　いや、しかし、ずいぶん盛りだくさんな人生ですね」

「ええまぁ、そうなんで」

ってな。そう聞いて頂けるだけでもすごいじゃないか。全部、確かに己がやって来たことなんだから。それをいちいち「下手売った」だの、「不遇だ」だの、悩むことなんかさらさらないんだぞ、おまえ、と言いたいのよ。若くて苦闘しているヤツらに。

貧乏なら貧乏を楽しんどけ。不遇なら不遇を楽しんでおけ、と本当にそう言いたい。そういうのを楽しむ力がなけりゃあ、コメディアンなんかになれないし、役者なんかになれやしない。いや、この本を読んでいる人は、かたぎの人が多いんだろうがね。ま、究極に楽しんで生きる発想の原点ということでよ。

わたしが「この生活はイヤだ、とにかくはい上がろう」と思ったのは、小学校時代だけだよ。他の時代は貧乏してても不遇でも、抜けだそうと思う気持ちはサラッサラなかった。楽しんでいたね、いつ何時たりとも。

寸法⑮ 度量で盗め

うちのオフクロの持論に、「嫌いな人を好きになれ」ってものがあってね。

「あんなん絶対に虫が好かんし、合わん、と思った相手ほど、こっちから好きになったげ」とよく言ったものだ。だけど、わたしは、その真反対で生きてきた。「冗談じゃねぇや、嫌いなもんは嫌いだ。オレはオレでやってやる」と。

でも、「親の小言と茄子の花は千にひとつの無駄もない」って言いますが、今になってわかることがあって、嫌いなヤツのすべてを認める度量がなきゃ駄目なんだよな。嫌い、嫌いでなんでも済ますヤツは度量が小さいんだよ。度量の問題。度量を広げておかないとうまくいかない。そうじゃないと楽しくならない。

「おぉー、いいねぇ。あんだけ人に嫌われるのは何だろうな?」

とかさ。

今じゃかえって興味を惹かれちゃうもんな。まあ、若いうちから会得するのはものすごく難しいけどな。そうしておいて、嫌いなヤツからでも「あれは売りてぇなぁ」ってところ、つまり長所。自分にない長所を持ってるんだったら、嫌いかどうかは別にして、そらあ、盗むべきなんだ。だって、好きなヤツからは自動的に盗むだろう。嫌いなヤツからも盗めば、倍盗めるじゃない、お得じゃない、倍の速度で盗めるぜって話でな。

だいたい、自分の腕を上げるなんてのは、見て盗むしかないだろ。それしかねぇだろう。だって、あのやり方、このやり方、って教えられるもんじゃねぇし。人間は人形劇じゃないんだから。それくらい盗むことにはアコギにならないと、力なんてそうそうつかないわな。で、盗んだことをやってみて、「いやいや、これはオレに合わん」ってわかればいいわけだから。「オレだったらこうするのにな」が拾えれば、それはもう天の恵み、めっけもんですわな。

役者は観察をしなきゃ駄目だってのは、もうまさにそういう世界でね。どっからでもパッパッと盗んでいかないと、おっつかなくなってくるってのが、今の企業神話崩壊時代、才覚で生きることを目指す代わりに、ひとりひとりが引き受けなきゃならないことなんだよ。

寸法16 玄関口で花を見てから家を出ろ

芝居の世界の言い伝えなんだかどうだか知らないが、花ってのは大切でね。「あの役者にゃ花がある」って物言いがある。「花形役者」とかね。それが、おかしなもんで、「舞台に上がる日は、花を見てから上がれ」なんて言うんですね。それが転じて、「家の玄関口には、花を置いておけ。出るときに自然に目に入るように」なんてことも言う。

わたしゃこう見えても花好きなこともありましてね、玄関に花を切らせたことがない。だから、出かけるたんびに花を目にしているんだが、芝居の世界じゃ「花に習え」「花の力をもらえ」なんてことがまことしやかに伝わってるわけなんだな。

そりゃ、実際、花を見るのはいいよ。気持ちいいしね。きれいだし、香りもするし。両手に花なんて最高だしね。花が咲かなきゃ実が付かないなんてことにもつながる気にもなってくるってもんだ。

それが毎日ならなおさらでね。「心に花を咲かせましょう」「ここで一発、花咲かせましょう」なんて物言いだって、普段から花を見てなきゃ意味ないだろって話でさ。

花を愛する男でいようじゃございませんか。

さ、ここまでが「石倉三郎の基礎のキ」だよ。三郎基本コンセプト、ってヤツだよ。もう言いたいことの肝の部分は全部言ったも同然なんだけどな。

第二部　腕

腕のことをお手々というんだよ。
お手々がある、ないってのは、他人様にはすぐわかること、
それはちょっと話をしてみれば、すぐバレるよ。

寸法⑰ 客は、気まぐれ、移り気で当たり前

高倉健
石原裕次郎
渡哲也
美空ひばり
長嶋茂雄
王貞治

ある年の調査で、顔と名前が一致する人物調査で、八割を越えたのはこの六人だったそうだ。たった六人だよ。噂によると、この狭い日本国の中で役者だけの数でも一～二万人いるらしい。凄いモンだね。これが芸能人全般となると何万人いるんだろう。だから、顔はわかってても名前が出てこない。名前は知っていても顔が思い浮かばない。普通はこうなるんだな。

かなり有名な人だったって、タクシーの運転手に「お客さん、知ってるよ。よく見てますよ！」と話しかけられて、名前を間違えられる。現にワタクシメも「お客さん、最近テレビ出てないネー、頑張ってよ！」「どうもね、実はオレ止めたのよ」「エ⁉　本当？……だって一週間前見たよ、何だっけ、あのドラマ…ホラえーと」「運転手サンの最近見てないっていうのは一週間か、じゃ毎日出てなけゃいけねんだ？」「え？　いやいや、けど本当に退めたの？」「どっちでもいいじゃないの、チャンと前見て運転してよ」てな塩梅！

顔と名前が一致するスターは、結局、日本には先の六人しか生まれなかったんじゃないか。極言すれば、その他は、みんな大なり小なり変わらない。どんぐりの背比べを一所懸命やっていると言えるのかもしれない。いかに大暴れしようが仏さんの掌の上だった孫悟空みたいなものだよな。

一方で、この仕事をやってると、「テレビに出ている人間は全員が自分の友達だ」と勘違いしている一般の方によく会う。歩いているといきなりドンと肩を叩かれる。

「痛ぇな」

「知ってるよ、見てるよ、石倉三郎だろ」

「それはいいけど、おネーサンいきなり叩くことはないよ、アタシも生身の人間だヨ！」

だいたいがおばさんなんだよ。

「がんばってね。握手して」

あれは困るね。もちろん有名税という言葉は知ってるよ。しかし、初対面の人間同士という礼儀がどっかにスッ飛んでいってもいいという法はない。先輩知人達は皆「もっと愛想良くおし」なんて言われるけれど、こっちは腹の虫が治まらない。「写真を一緒に撮ってください」もよく言われる。そのときは「ケータイ電話のはダメだよ、カメラがあるならいいよ」と言うことにしている。それはもう、なんというかわたしの決め事だよな。大体、失礼だぜ。何でもかんでもケータイってのが。


もうひとつ。この世界で常にあるのが、手のひら返し。

売れるまではよいしょよいしょで来たものを、売れた途端に何故《ナニユエ》か遠くにいる感じ？　あら？　こんなにコイツ偉かった⁉　とかいうヤツ。これは必ず起こる。業界内でも業界外でも双方で。だから、起こるのが当たり前だという前提でいなきゃいけない。

つまり、何が言いたいかというと、勝手な信用はいつだって一方通行だということなんだよな。そんなあぶくのように危ういものはない。サラリーマンの方も仕事がうまくいったり、いかなかったりするだろ。同じことをやってても、前はそれでＯＫだったのに、なぜ今度はＯＫじゃないのか？　信用はどうなってるんだ？　なんて場面があるんだと思いますよ。約束は持ちかけた側だけが覚えている、なんて言葉もあるけど、相手の気まぐれはあって当然。それを「なぜだ！」と深追いするのも野暮極まりないことでね。

人気というのは「人」の「気」と書く。人の気はうつろうものでね。かの劇聖、藤山寛美さんが言ったらしい。

一期一会で会って別れて。そのときに拠り所になってくるのが、自分の決まりというやつだろう。それがないとどのみち右往左往することになって、結果、己を見失ってしまう。それは人間の一番醜い姿と申しましてね。己を見失う輩を嫌というほど見ることになるのが芸能界という場所だから、わたしはそんなふうに思うのです。

芸能界におる身として、厄介なのは街なかでサインを求められること。これもおかしな話で、サインの練習をする輩もおる。そうじゃないだろ？　サインというのは、ドンと色紙を積まれて、手がくたびれるまで自分の名前を書かなきゃいけない人間が、「こんなつまらないこと、早く終わらないかな」と思って、半ば気を失いながらササと書いているうちに定まるものだろう。

じゃあ、そんなサインの小話をひとつ。

――＊――＊――

映画『座頭市』のロケで尾道にいたとき。急遽、撮休（＝撮影休止）になったことがあってな、岸部一徳と柄本明の三人で飲みにでも行くかという話になった。

尾道といったら、大林宣彦という映画監督がよく使っている街だよ。すると、偶然にも彼に出くわしたんだよ。大林氏が「尾道で遊んでいらっしゃいよ」なんて、わたしに二万円くれたのです。映画監督が役者に祝儀を出すなんて珍しいこともあるもんだと思っていたが、あとから聞いたらわたしのことを、岸部と柄本のマネージャーと勘違いしたという。この一件で、わたしのポジションがうかがい知れる。頭に来て、「ヒゲをむしったろか！」と思ったよ。まぁ、「仕様がないよな、売れてネエンだから」ということでむりやり納得しておいたが……。

そんなこんなで尾道の街へ飲みに出た。その行きすがら、通行人さんたちが、まぁジロ

ジロ見てくださいますわなぁ。そしたら一徳ちゃん、

「町でサインしてくれと言われて書くだろ？」

「そりゃあるよな」

「そのときに、サインをしたらギョッとされて。岸部シローと違うの？　って」

一徳ちゃんは弟と間違えられてガッカリすることが多いんだという。エモッちゃんは横で爆笑している。

「それは一徳ちゃん。オレなんか、これまで一番たくさん書いたサイン色紙、誰だと思う？」

「誰よ？」

「これが、ビートきよし、なんだよ」

「え！　えーーっ！」

「一昔前まで、たけちゃんと一緒にいるイメージが強すぎてな、『あ〜、知ってる。見てますよ〜、ビートきよしさん』、と来るわけだ」

「それで石倉さんはどうするの？」

「もちろん、ビートきよしと書く」

「え！　え！　ーーっ！」

「すりゃあいいじゃない。だって向こうさんもそれで満足だったら、いいじゃないか。きよしだと思ってるんだからよ」

ってな話でね。

これは事実。わたしはこれまで、はいよ、はいよ、なんてどんどん「ビートきよし」と書いてきたんだよ。おそらく、本物のきよしさんのサインよりも、わたしが書いたきよしさんのサインのほうが世の中に出回っているかもな。「客なんてそんなもんよ。こっちが廉《すだれ》立ててもしかたがないだろ」と。


ま、そんなこんなで、ある寿司屋に入り酒を飲み始めた。当然、店に入ったとたん、店長から客から我々に気づくよ。目線が背中に刺さってくる。こっちは、そっと飲ませてくれよ、と念じるだけしかできない。ところが案の定、ほろ酔い機嫌で入ってきたお客さん。

「あ！　ビートきよし！　岸部シロー！」だってさ。

エモッちゃん、椅子から落ちたね！

もう三人で笑い転げてね。もちろん、わたしは「ビートきよし」と得意のサイン（ご本人のサインがどんなだかは存じませんが……）、一徳ちゃんもここぞとばかり、「岸・部・シ・ロ・ー」、と書いていました。

他人の気まぐれ、気の移りに、右往左往振り回されてちゃあ、どもこもなりませんわな。

寸法⑱ 腹で生きずに、背で生きる

仕事の出し入れを全部マネージャーに任せてある。マネージャーという人たちは、これはもうわたしたちの世界では、なくちゃならない存在で、彼らがいなければ成り立たない。

これは難しい仕事でね。儲け主義に走って、なんでもかんでも、いいわいいわで仕事を取っていると、わたしたちはパンクだ。そこは「食わねど高楊枝」。あるいは、ひとつでもふたつでも、少しでも大きい役が来るまで、抱えている役者やタレントを大事にしてやって、大きな役を出来るようにしてやって、という仕事もあるわな。本来、マネージャーとタレントってのは、線路のようなもんでね、長く続くに越したことはないのだが、どこまで行っても交わらないもんでね。あまり関わっちゃ、いろんな意味で、これも駄目なんだよな。

みなさんご存じかと思いますが、わたしは、芝居の舞台だとか、映画だとか、テレビだとか、ラジオだとか、そういう仕事をしてるわけですが、ひとつ言えることは、スケジュールがぎっちぎちってのは、まるで駄目だね。

駄目なわけは、簡単な理由で、もしそうなったら、自然と手を抜くようになるからだわね。忙しいと、誰だって人は手を抜く。やっつけ仕事になるだろうよ。そうなっちまったら、おしめぇよ。だから、最初っから、そうなることはわかってんだから、未然に防いでおけばいいって話でね。しかし、これもね。忙しけりゃ忙しい程、ノリ！ ノリ！ って人も中にはいるからね。我が芸能界は底が深〜い。私のような薄っぺらな役者でも「スケジュールにはのりしろがいるぞ」ってことなんだ。

どんな紙だって、紙同士を貼り付けようと思ったら、数ミリだか数センチだか、のりを塗る面積がいるじゃないか、って話。それを考えないで、紙をくっつけようとしたって、そりゃあうまくいかない。丈夫にくっつかなくて、いつかちぎれちまう。

どうだろ?　かたぎの人は「そんなこと言ッてられない」って向きも多いのは承知の介だが、仕事を頼む側に立ちゃあ、のりしろのことを汲んでおかないと、いい発注者とはいえないよな。

たとえば、「すみません、無理をお願いします」って頭を下げるテクニックだけ上手になって、そこの部分のストレスが溜まって……、なんて話じゃあ、本末転倒もいいところだろう。いったいなんのためにその仕事してんだろ?　ってなっちゃうよ。いい仕事、値打ちのある仕事、誰かのためになる仕事、ってのは、そんな現場からは生まれないね。オレがいちいち言わなくても、誰もが胸に手を当てりゃあ、わかってることでしょうけれど。

この本を読んでいる方が、仕事の発注側なのか、受注側なのか、見当がつかないけれど、そのへんのさじ加減をうまく考えろ、ってことだよな。そうでなくても、いまはさじ加減って発想のない世の中になってんだから。なんでもかんでも白か黒か?　って脅迫的に迫るだろう。そのあいだに加減ってものがあるだろうがよ。すっかり忘れているよな。

それともうひとつ。

ひと一人の方向を作るというのは、〝断る覚悟〟のことでね。こちらの業界には、武士は食わねど高楊枝、の変形で、「役者は食わねど高楊枝」、という言葉があるんだよ。あれもこれもと手出ししていると、己の価値を人様にわかっていただけなくなる危険性がある。それが恐ろしい、という教えでね。

人間ってのは実に不思議なもんでな、あれがやりたい、と思いつくより、これはいやだ、これは違うな、ってフッと思いつくほうが早いのよ。そのへんが組み合わさってひと一人の形が出来ているってなもんでな。もちろん背に腹は代えられぬ、ってことはあるよ。腹は減るだろう、背中は看板じゃないか。看板降ろしても腹を満たすという哀しい哀しい情景を描いたことわざだよな、あれは。

そこは、腹で生きるか、背で生きるか、って話になるじゃない。オレなんかやせ我慢して背中で生きたいほうだからさ。男の背中ってそういうことだろう。背中がかっこいいほうがいいじゃない。理想を言えば。だいたい、残る印象なんて背中の印象しかないんだから。背でも腹でもなく、顔ばっかのぞき見ている輩はどうしようもないけどさ。

寺尾聰なんて、まさに食わねど高楊枝の男でね。この男もめったに仕事をしない。チョロチョロしてない。引く手あまたの役者なのにマイペース、ゆっくり手前の人生を楽しんでいる。こういう男と飲んでいると、私ぁ、己が小ちゃくてホントに嫌になる。この聰という男は数少ない粋な奴だね。

ただし、いま「学習中なんです」「修練中なんです」ってなら、話は別だよ。背中も腹もあったもんじゃないよ、そんな立場のヤツに。そりゃあ、景色もわからず頭から突っ込んでいくしかないよ。そいで、さんざん打たれりゃいいのよ。「鉄は熱いうちに打て」だから。どんどんひっきりなしに打たなきゃそいつの将来のためにはならねぇんだから。石の上にも三年つって、ちょうど千日修行だろう。その道三年以内のヤツは、どんどん打たれたほうがいいし、周りは打ってやったほうがいいよ。そこは優しさだよ。

わたしは一時、弟子たちを蕎麦屋に出していた。それは、自分があんこ屋で働いた経験があったせいもあるんだが、だいたいにして、役者の役で多いのは、主役、脇に限らずとも、○○屋、だろ。圧倒的に多いよな。役者はなんかしらの職業人をやるんだよ。そうしたとき、蕎麦屋のひとつでも覚えていれば、使い回しができるだろう、裏の勝手の様子や仕込みの雰囲気が自然と学べるだろうという親心で。石の上にも三年、苦節一〇年ですよ。

寸法⑲「仕込み」を越える料理はできない

「できます。自分にやらせてください」

なんて勢い込んで頭を下げるセリフ、いまどき、言うのか言わねぇのか知らないけれど、そうやって勝負に出るときには、なんたって、「持ち銭がいくらあるか」ってことが最重要でね。まぁ、わたしゃそんな経験はないんですけどね。

端から見ててわかることは、銭を持ってるヤツは大きな勝負が打てるし、細かい銭しかないヤツは細かい勝負しか打てないってことだろう。そりゃあ、勝負するには、「盆」ってものがあるんだから。

盆というのは、博打をする場所のこと。札を出す座のことでね。いやあ、わたしは何も博打の話をしようってんじゃないんだよ。実際、博打はやらないから。いま書いているのはたとえ話。能力の話。こっちは、人の能力を博打の銭にたとえてるんだよ。

自分の能力ってものの厄介なところは、できることと、できないことの線引きが非常に見えにくいところでね。これが銭だったら、すっきりわかるんだよ。たとえば、最低掛け金が五〇〇ドル、ってんだったら、五〇〇ドル持ってないヤツは、その卓に端っから座れないわけだから。

ってことは、勝負の卓に着く前に、手前の能力のほどを知るってことが大事だってことでね。だって、わたしなんて、もし、仮に黒沢映画に出てくれという話が来たら丁重にお断りするだろうな。そりゃ、そんな身分じゃございません、力もございません、みたいなことでさ。裏にゃあ、あんなに拘束時間が長いと食えないじゃないの、って打算も正直、あるにはあるんだけどな。私は性格俳優ならぬ生活俳優なんだから。

黒沢さんは縁がないうちにお亡くなりになってしまわれたけど。もっとも、いらっしゃっても、わたしのことなんか屁もひっかけないか！

そりゃあ、わたしにだって、ハッタリはありますよ。ハッタリは利く。能力の乏しいお相手にはとくに。〝ハッタリサブちゃん〟の時代はあったよな。だけど、ハッタリを掛けるってことは、手前の能力がちゃんとわかってて、相手の能力もちゃんとわかってるってことが作戦の最低条件だ。じゃないと得できねぇってことになるじゃない。

だから、「手前の値踏み」と「ハッタリ掛け」は、実に根が同じ話なんだよな。ここに気づいておく必要があるのよ。

わたしなんか、その勘定を済ませてギリギリのときは、結局「知るかい！」と下も見ずに崖から飛ぶタイプだからさ。崖下なんか見たら飛べないからな。危険運転の常習犯だけどさ。それで結果的に大怪我がないってことは、巡り巡って、自分の値踏みは結構正確だってことなんだよ。

まぁ言っても、値踏みの感性ってのは経験が最も物を言うことのひとつだから、歳を食って経験を積んでいかないとなかなかよ。でも、目の前の盆が、どんだけの盆か、自分の持ってる銭はどれだけか、っていう値くらいザッとイメージできないと、端ッから勝負になんないよ。盆を開いている側ってのは歴戦の強者なんだから。盆を開けるまで生き残ってきた側なんだから。そっちからの目線で見りゃあ、あらら、またカモがネギ背負ってきたよってなもんでね。

そういうスケールの感覚ってのが、とち狂ってるってのは最近思うよ。自分になんの能力もないのにデカイ場で打とうとすること。逆もあるんだよ。すっごいスケールの場なのに、やってることと、集まってる人間がしょぼすぎるなってことも。それもまたボンクラなのよ。ものさし感覚が狂ってるよね。だから、世間の寸法を知っとけよ、ってな話なんだけれども。

今日、手前で手前を売る、セルフプロデュースっていう、また、妙な言葉を作りやがって、そんなことをかたぎの人もやらなきゃなんないご時世ってんだから、カモネギみたいなことは、そこここで起こると思うよ。素人参入の時代なんだから。素人は盆を乱すから勘弁してくれ、とかね。せめて、盆の大きさが見えてないヤツのことを、盆に暗い＝ボンクラ、という、ってことくらいはみんな知っておいたほうがいいんじゃないか。

ってことは、勝負に備えて、日々、銭（能力）を溜めておくってことを、かたぎの人もやる時代が来たってことだね。手前の持ち銭を越えた博打は打てないんだから。でかい仕事がやりたきゃあ、まずは持ち銭を溜めるしかないぜ。だって、銭のないやつに、でかい勝負を任せようなんて思うボンクラはこの世にそうはいない。誰だって共倒れしたくねぇんだから。

これは今は盆の話でしたけれども、料理と同じことよ。

仕込みを越える料理はできないんだから。はい、素敵な料理が現れました、みたいな魔法のテーブルクロスみたいな話は世の中にはないんだよな。ま、オレの生きる業界は魔法のテーブルクロスに見せることが仕事の業界だけどな。それにしたって、用意した材料だけで料理はできあがるわけだよ。

じゃあ、セルフプロデュースなんていうときに、看板の掛け替えに必死になってる輩が多いけれども、そうじゃないだろう。手前の体内にどれだけ材料が仕込まれてるかってのを点検せい、という話だろう、あれは。足りなきゃ、下準備のときに足しとくしかないんだから。段取りが始まっちゃったら、もう間に合わないよ。遅いよ。


たとえば、若い役者が新宿西口公園に行くっつーのよ。

「どうした?」

「今度ホームレスの役をやるんで、ホームレスを見てきます」

それじゃあ、トロいもいいところなのよ。

「おまえ、これまでホームレスを見たことないのかよ」

「あります」

「じゃあ、それをやればいいじゃないか」

「ちゃんと見たいんです」

「ちゃんと見るもなにも、だいたい北海道土産の紙袋、だいたいがビニールコーティングしてるヤツだろ、それかなんかと青いビニールシートでも持ってりゃいいじゃないか。パッとやりゃあいいんだよ」

みたいな話でさ。

もっと言えば、プロのホームレスは銭湯だけはちゃんと通っているわけだよ。そうじゃないと、デパートに入れないからな。デパートに入れないと冬の寒さがしのげないから死活問題だろ。そういう知恵が本物のホームレスにあってさ。まさに人間の生きる術ってやつだろう。その若い役者がどこまでやんのか知ったこっちゃない。わたしは常々、明日は我が身だと思って生きて来たから詳しいだけなんですけどね！

そういうことが仕込まれてるヤツと仕込まれてないヤツと、どっちを使いたいかっていったら、そりゃもうすでに入っているヤツだろう。

「サブちゃん、向こうから帰ってくるとき、ちょいと小唄のひとつでも入れてくれ」

なんて市川崑監督に言われたときに、歌えなかったら、もう使えねぇだろ、その役者は。これは、岸恵子さん主演の映画『かあちゃん』のときの話だけど。大酒飲みの大工の役だったんだがな。それは、わたしが三味線を習いたくて、三味線に行ったら全然弾かせてもらえない、「まずは小唄を勉強しなきゃあ駄目なんだから」って言われたのが、めぐりめぐってここで役立ったのよ。

そんなもん、「馬に乗れますか？」って、ぐいんと馬を回せねぇとアウトだろ、そりゃあ。尤も、わたしは馬まで手が回らず、「どうせ、馬に乗るようなエライ役なんか、わたしに縁のないことだろう」とタカをくくっていたら何とこの前、悪代官の役が来た。馬に乗るシーンもある。いやあ、焦ったね。仕方ね～、練習しているヒマもない。エエイ、ままヨ！ってんで、当日ぶっつけ本番だ！テスト二回、馬のヤロー、手綱引きの役者氏が手を離したらくるくる回り始めやがって、こっちはカッとくるやら、恥ずかしいやら。それでもお立会い、何と本番では見事ＯＫ！いやあ、うれしかったなぁ～。私は本当に悪運強いなあとね。

仕事は料理と一緒で仕込みが肝心なんだよな。仕込みに精出しときゃ、あとは料理はいやでも完成するんだよ。作って食う気さえあれば。ま、売れる売れないは別の問題だけどね。

寸法⑳「手順」を踏まないと料理はできない

まぁ、料理の話のついでだけれど、料理をやる人間には自明のことだけどな。一皿料理をこさえようとしたら、それができるまでの手順ってものがあるわな。塩味の料理です、ったって、どのタイミングで塩を入れるかってのはあるわけじゃない。たしかに、塩は入ってるんだけれど、入れる手順を間違えたら、味も変わるよ。まずくなるよ。下準備した材料を全部一時にミキサーに入れて混ぜたらできるわけじゃないんだから。そういうのを手順ベタという。阿呆なことを言うなら、オムレツを作る前には卵を割らなきゃいけない、ってことよ。

レシピって言葉もあるけど、あれは「秘伝」って意味だからな。レシピの前に手順がある。手順を知る前にレシピを知りたがるってのも阿呆な話でさ。だから、わたしなんか、しょっちゅう料理を作っているから考えもしなかったけれど、手順下手のヤツなんてのは、料理で練習すればいいんじゃないの。

あれは、火を入れたらもう待ってくれないから。自分のペースがどうのこうの……なんてうわごと言ってたら、どんどん火が入るんだから、ヨーイドンで、次あれ、次それ、ってパッパパッパやっていかなきゃならないだろう、手順よく。火加減、湯加減、塩加減……、そうとう頭を使うと思うよ。集中力がないとできない所作だよ。集中力が鍛えられるよ。そりゃ火を使ってるんだもん、下手したら火傷するんだからさ。火は待ってくれないし。日頃のうさの気分転換にも、もってこいだしな。いいトレーニングになってんだろう。

今じゃあ、なんでもチンして終わり、ボタン押して終わり、だろ。そうすっと手順の感覚が麻痺してくるのも当たり前だよな。上手に仕事を進められねぇヤツなんてのは、そこがすっぽりと抜け落ちているのよ。

寸法㉑ 出過ぎた杭は打たれない

出る杭は打たれる、っていうじゃない。じゃ、何に打たれるかご存じかい? トンカチじゃないんだよ。出る杭は波に打たれる、という。まぁ、なんともきれいな言葉だけど、中身は勘弁してくれみたいな感じだよな。嫉妬ややっかみってのは、古今東西なくならないもんでね。それも嫉妬は女の専売特許みたいに思っている男が多いけれど、全然よ。男の嫉妬ほど醜いものはないね。厄介なもんさ。まぁ、そんな現状があり、一足先に、出る杭は打たれるもんだと思っておいたほうが賢いってことだな。

だったら、出る杭を打つな、って大声を張り上げて叫んでばかりいても能がないって話で、対策を持ってろってことになる。どうせ出ると打たれるに決まってるんだから。

わたしが知っている良い方法は、出過ぎろ、（ちょっと、古いか？）ってことだね。これが逆転の発想ってもんよ。出る杭は打たれるが、出過ぎた杭は打たれない。そうすっと、打ってやろうと構えてる相手がいかに小心者かって話だよな。

ほら、海から杭が突き出してる絵を浮かべてご覧なさいよ。海面から出方が中途半端な杭は波をかぶりますが、ニョキーっと大きく突きだしている杭は波をかぶらないわな。これ、不思議なもんで、嫉妬ややっかみってものも、中途半端に出てるとザッバーと来るんだが、いったん大きく出ちまえば、なくなっちゃうのよ。人の心と秋の空ってほんといい加減なもんでね。いちいち反応してるのも阿呆らしくなってくるくらいに。

いざ、出た、ってときは、一気に出ちまえばいい。ただ、それだけのことなんだ。そこの一押しがあるかないかで大きく違ってくるんだ。そこは行くのよ、勢いつけて、ダーンと。打ってみろよ、と頭をにょっきり出すことだね。私もモタモタしてないで頭を出さなきゃあ。

寸法22 俳優はサラリーマンより本を読む

いま、何がうれしいって、本の値段を見ずに好きな本を買えることがうれしい。そのことにおいて「オレはよくやった」と少し思うよ。少しな。（どうよ、ユメの小さいこと）そういうことができる人間になりました、と。ある意味、夢が叶っちまったみたいなもんだから、夢が小さすぎたってことだともいえるね。いまは酒を飲んでいる時間をのぞけば、本を読んでいるか、レンタルビデオの映画を観ているときが一番楽しいかもわかんないね。

わたしゃね、ものすごく崇高に、崇高に考えてるから、役者でもなろうかっていう男が、サラリーマンより本を読まなかったらしょうがないだろうっていうのもあるのよ。サラリーマンが週に一冊だったら、こっちは週に二冊読むぞっていう。サラリーマンの読書量に負けないよ。なぜなら役者だからっていうのがね、そういうのはある。

三〇から四〇歳のあいだは、一日二〜三冊、月に五〇〜六〇冊は読んでたな。本の楽しみを最初に教えてくれたのは学校の図書館の江戸川乱歩。そして、時を経て、松本清張だろう。男がいて女がいて、社会の表があって裏があって、欲があって情があって。むさぼり読んだ。あとは、立原正秋、山本周五郎、藤沢周平、池波正太郎、芥川賞全集、吉行淳之介全集……、あとは乱読。山本七平、青木雨彦、山本夏彦、城山三郎、佐高信……、もう、乱読もいいところだよ。シェークスピア、チェーホフ、知らないなあ、明日から読もう！

昔、売れたばっかしの頃、マンション借りて女と同棲してたんだ。そのときにある雑誌の取材で「書斎を撮らせてください」ってのがあったんだよ。そしたらカメラマンが「『プレイボーイ』があって『芥川賞全集』があって、その隣りが『やくざとは―山口組三代目××―』みたいな本で、このバランスが見事だ」みたいなことを言いやがって。なるほど、さすがおもしろい見方をするな、と思ったね。やっぱし、カッコいいヒーローを作ろうと思えば、やくざ映画でしょ。わかり易いし、それに連綿と続いているし、世界中の映画でもやってるし、まあ、自分がやくざの役をやることもあって読んだんでしょうな。

小説家と名が付くと、やっぱり山本周五郎なんてのはもう希有のおもしろさがあるね。あの人の人情話なんてのはもうたまりませんね。

世の中の流れ方。人はこうあるべき、世の中はこうあるべきじゃないの？　みたいなところがグッと来るんだよ。人情をバカにしちゃいけないよ。人間の世界をバカにしちゃいけないよ、もっとおもしろいもんなんだよ。辛くったって夢があるんだよ。こうやって字にするとそれこそバカみたいだけど、それを味わわせてくれる。軽快なタッチで書きつづっているんじゃないんだよな。読んでないヤツはいますぐ読めよ。

あとは立原正秋だったらな、あの人は無頼なんだよ。剣道はかなりの段持ちでね。昔、三島由紀夫がボディービルをやってたときに剣道と居合いに凝ってさ、だれかの作家の家で立原正秋に会って、「立原さん剣道やってらっしゃるけど、私も居合いやりましたから、ちょっと勝負してみませんか？」と言うわけよ。そしたら立原正秋が、「ええと、得物は木刀でいいんですか？　木刀でしたら私はあなたを殺しますよ。木刀で討ち捨てるってことは死ぬってことですよ、いいですか？」って返して、三島由紀夫が冗談ですよって言ったっていうエピソードがあるね。

彼は韓国の人だから、自分でそれに気づいたときの慟哭とか、葛藤がすごいんだよ。悩みに悩んで日本文学に勤《いそ》しみだして、美に凝って、料理に凝ってするわけだ。うまいものは何だとか自分で干物を作ってみたりなんかして、そういう人だろう。その描写が何かものすごくこう、好きなのよ。葛藤を乗り越えるさまが手に取るようにわかるのよ。

お笑いの〝ゆーとぴあ〟ってのがいてな、ヤツの別れた女房が聖路加病院に勤めていたわけ。で、あるとき「サブちゃん、立原正秋が入院したわよ」って教えてくれて。でも、見舞いに行くわけにもいかないしなぁ、なんて思うくらい好きだった。後日談だけど、「石倉三郎って、昔は青山のスーパーマーケットにいたヤツだろ？　彼は立原正秋が好きらしいな」とかナントカ、吉行淳之介さんが書いていて。吉行淳之介ともあろう人がなんでそんなことを知っているのかなと思うんだけど。あれには驚いた。

若いうちに本を読んでいたら、歳とってから楽なのになぁと思うよ。だって、ストーリーが残っているわけだから、頭の中で営業できるじゃないか。

たとえば、山本周五郎だったらさ、『柳橋物語』なんていうのがあってさ。それでひとりの女の子に、よくできる秀才とオレみたいな三枚目がいて、この恋のさや当ての話よ。本当は惚れてんだけど、「オレなんか見向きもするわけねえやな。結局、あいつだよな」。まあ案の定、あいつなんだけど、でもこいつがよくできてる遊び人でな、どうのこうのがあって、最後は、「結局あんたが私のこと本当に好いててくれたのね」みたいなことなんだけどさ。

自分に重ねて読むじゃないか。そうすると、あぁ、こういう感じだよなぁというガイドラインがもらえるじゃないか。だから、後で楽なのよ。読書ってのは言ってみりゃあ営業実績みたいなものだから。

それで、『柳橋物語』がやっぱり映画になったりテレビになったりするじゃない、ドラマに、舞台、ね。そうするとテレビなんかになるときは、十朱幸代さんに林与一さんに渥美清さんというこういう図柄ができ上がるわけだよ。ヤッパリなぁと思うわけだろう。それで「オレの方が先にこの本に当たってる、早いな」と思うじゃないか。「あーやっぱりできるわなぁー」みたいな。オレの中ではもう映画化済み、舞台化済み、みたいな感覚だってあるよ。役者の読み方としてはな。

まぁ読書で営業実績を積むってのは、ひまなときにもってこい、なんだよ。そういうことだと思うよ。世の中、歳をとったら駄目だ、なんて考え方や感じ方が多いけどさ、わたしは逆の答えが出たんだよな。「歳とったらおもしろいのにな」っていう。これが今現在の答えなんだけど。そのおもしろさの種を若いうちに、本で仕込んでおくってのは手よ。ひとつの手。

もうひとつ言うと、歳をとると確実にひまになるだろう。ひまっちゅうか、時間の使い方がうまくなるのかもわかんないけど。そうすると本を読む癖をつけた人間の方が、ひま潰しができるじゃん、楽に。しかもこんな楽しい世界にさ。

だったらテレビだってインターネットだってあんじゃねぇか？　っと言う人があるが、これは哀しいよな。その場のノリはあるけれど、見たら忘れちゃうからな。そら、本のほうが圧倒的におもしろいわな。テレビやネットってのは営業実績にはならないんだよ。

本の活字は心に残っていくのよ。なぜかっていうと、そこに想像力が働いているから。「鳥がキョンと啼いた」、あぁー、荒涼としたところなんだろうなぁ〜、って反射が起こるだろう。アレよ。

それに、本を読んでいると、「ここまで読んできたんだから、オチは、ああはなってほしくねぇな」ってのがあるわけだ。「ぬぉぉ、こんなオチを用意してたのか、この作家！」ってなると一気にのめりこめるわけよ。ただ多くの作家はオチが見える。そうすると「あ、駄目だ、この作家」みたいなことになる。だから、ひとりの作家が好きになったら、その人のを全部読むんだよ。それが初歩じゃねぇの？　どうせ人生ひまつぶしなんだからさ。

読書は使える。「こういう生き方が、こういう思い方が、こういう考え方があるよな。なるほどなあ、ウロコが落ちるなぁ」っていうのがあるよ。ストンと入る。

だって、本から勇気をもらうんじゃない？　他の人が何から勇気をもらってるのか知らないけれど。「さぁ、勇気もらうぞ」なんて思いながら読むことはないけれど、読んだおかげで勇気もらえたみたいなことがある。そういう種の仕込みをしている人間としていない人間、そりゃあ、差がドンドン出るだろうよ。

エラそうに能書き垂れてるけど……、近頃、読んでねーなー！

寸法㉓ボランティアは合わせ技一本で

わたし、刑務所慰問やってんですよ。おかしいだろ、わたしは刑務所の官吏の役もやってるし、ワッパを掛けられる役もやってるだろうみたいな話でな。これな、先にしとく話があるんだが、子供の頃からオフクロと道頓堀に漫才をよく見に行っていたんだ。すると、道端で手を出している浮浪者がたくさん居たんだ、その頃は。と、オフクロが一〇円やるわけよ。

「ちょっと待ってよ。なんで見ず知らずのあの人にあげるんだ？　オレには小遣いをくれないのに」

「阿呆か。ああいう人はあれで生きてるのや。おまえのは小遣いやないか！」

そういうオカンでね。こっちが怒られてしもた。

オフクロは漫才を見ている最中も率先して手を叩いて笑ってる女だった。

「ほら、笑ってあげ。おもしろいやないの。向こうは仕事してはる。笑っとけ、笑っとけ」

なんて言うんだ。

ま、昔そんなことがあってだな。東京で暮らしててもホームレスを見るだろう。その度に「こうならないようにしなきゃな」と、ずっといまだにそう思う。「ああはなりたくない」と。でも、頭を巡らせてみりゃあよ、何かの都合でああなったと思うんだよね。好きでなったヤツはいないと思うんだ。だけど「そうなる前に、何かできなかったのかよ、おまえはよ」というのがある。「だらしねぇな、おまえ」と。

人生、その表裏一体よ。「オレもなったかもわかんねぇ」「いやいや、だらしないからそうなるんだ」。答えはねぇよ。

そんな感覚があって、刑務所に行くわけよ。そこの客を見てたら、「絶対に、向こうから聞く身にはならないどこう」と思うじゃないかよ。つまり、塀の中には落ちたくない。そういうちっぽけな優越感で行くんだよ。

ああいう、娯楽がまったくない閉ざされた世界のヤツらに、悪人どもに、この華やかな部分をどれくらいあおれるかな、というのがわたしの勝負よ。「シャバはいいな、早く出たいな」と思わせたいわけよ。そういう意識があるんだよね。

最初に行ったのは、三一歳のときだよ。刑務所慰問という仕事が来たわけ。お、刑務所慰問か、と思って、千葉刑務所に行った。あそこは、無期懲役とか重罪犯が多いのよ。話に聞くと、四〇年も務めた人間は、シャバに帰って来るときに、千葉駅から先がもたないと言うよ。とても恐くて。もちろん出所する前に、二週間くらいかけてシャバ見学をさせるんだよ。「これが自動販売機だよ」とか「電車の切符の買い方はこうだよ」とか全部教える。髪も伸ばさせる。それなのに、何パーセントかの人間は千葉駅で意識を失うってさ。「大丈夫ですか?」なんて介抱して身元を調べたら、刑務所を出たばっかりだ。で、また刑務所に戻って来ちゃう。「オレにはやっていけない」って。だから、それは社会復帰がいかに難しいかって話だろう。三〇年も四〇年もいたら浦島太郎なんてもんじゃないから。で、そんな客を前にするだろ。彼らは「ワーッ」って言っちゃいけない。笑うか、手を叩くか、あとは手をグーにして膝に載せて置くか。あれは不思議な体験っちゃあ、体験だったよ。国家権力のある種の怖さっていうかな。

それが最初の慰問。

時が降って、いま、わたしの友達で原喜一さんって方がいるわけ。その人が、「三郎さん、刑務所慰問をやりたいんだけど」「あ、それはいいですねー」ってな話でね、年に二回くらい行くようになったんだ。刑務所なんか金は一切出さないからね。感謝状一枚だから。でも彼がアゴアシは全部、段取り用意してくれるんだよな。

わたしと、漫才の青空球児・好児さん、コントの元太平洋のなべ雄作、ゆーとぴあのピース、マギー司郎、歌でライラックス、我修院達也（元若人あきら）、コント山口君と竹田君、モノマネの俵山栄子なんかのメンバーで行くのよ。やるのはお笑いと歌と踊り。女も必ずつれていくから。SKD出身のちゃんとしたダンサー。必ずその子たちにトリを取らせるわけ。客の目に焼き付けさせるわけ。

「今晩はスペルマ大学だぞー」

なんて思いながら。臭いと思うぜ。みんな隠れてせんずりこくと思うから。教官に見つかったら厳しい「教育」が待ってんだけどな。彼らにはせんずりこく自由もねぇからさ。こっちは本当にいいことをしてあげてる。ボランティアだしな。だが、善意でやってるかと問われると、善意なんだけども、「善意の人」じゃないんだよ。

自分のやってることが善意だと疑わない人、いるだろ？　こっちは善意でやってんだから！　って怒ったり。なら、その善意がなきゃあ怒らずに済んでるじゃねぇか？　みたいな揚げ足取りも浮かんじゃうよな。善意ならなんでもいいのか？　みたいなさ。善意の押し売りで事件が発生しました！　みたいなのはコントの世界じゃねぇか。

つまり、善意ってものを究極のゴールみたいに考えるのもうさん臭い話でさ。ほじくれば、そこに行き着かなきゃ心の平衡が取れない、てめぇの腹黒さって何？　って話だろう。底がもう見えちゃうじゃないか。だから、わたしゃいつも合わせ技何本、って考えるんだよ。ボランティアやるのに一本を取りに行っちゃあ、これは駄目なのよ。「いやぁ、実は手前も得がありまして」ってのが見え隠れしてるほうがそりゃあ信じられるだろう。ボランティアは平熱でやれってことだよな。これがまた、善意の塊でボランティアやったら、向こうは甘えるに決まってるじゃないか。

わたしが刑務所訪問で何を楽しんでいるかってのはな、実はあるのよ。シャバでやるのと、境目でやるのとの一番の違いはなんだろうねって話だよ。シャバの寄席というのは、だいたい持ち時間が一五分なんだよ。テレビは五〜六分だよな。つまり、お笑いというのは、なんぼでも手抜きができるわけだ。「この部分を飛ばしてやろう」って調節が利くってことだな。テレビだと、一五分のものを三分の一に縮めなきゃいけない。ゆえに、テレビには本物の芸はないわけよ。ということは先方様のタイムテーブル次第で、どうとでもなるのがお笑いなわけよ。融通が利く。

一方、俳優というのは、融通が利かない。手を抜いた芝居？　ありえないからな。お笑いは手抜きどころの騒ぎじゃない。何でもできる。この差だよな。だから、刑務所でやる演目は、いきおい、お笑い、歌、手品になっちゃう。ショーをやる。芝居はショーじゃないから。

わたしは、「コント・レオナルド・デラックス」なんて名乗ってコントをやる。要するに刑務所慰問の楽しみは、今じゃ普段はできないコントができる、ってことなんだよ。あそこでしかできねぇんだ、今やコントは。そらもう、年に二回、楽しいねぇ。

寸法㉔　人間の表裏をコメディアンの本性で知る

一般の、つまり芸能界以外の友達ってのは、決まって「俳優よりお笑いの人の方が好き」と言うんだよ。見ているうちに何か勘づいたんだろう。その理由は、「俳優さんはカッコマンで、お笑い芸人さんはなんといってもサービス精神が旺盛だもんなぁ」というわけだ。実は、これは芯を突いているわな。俳優は、自分なんだけど自分じゃない人間を演じるのが仕事で、お笑い芸人はもちろん舞台の顔はあるが、あまり表裏がないんだよな。基本的にサービス業に徹してる。もうひとつ、俳優は、台本がないと俳優の力を発揮しようがないが、お笑い芸人はお笑い芸人だからな。

役者ってのは、普段は市井《しせい》の人でいいわけだ。奇妙奇天烈なことは要らないわけじゃない。必要なのはステージであり、映画であり、本番のときにドンと変わる落差だけなんだよ。役に準じて。それが役の者であり、役者なんだよ。普段は本名があるんだから。

お笑いってのは全部自分の世界。見たまんま、言ったまままじゃん。

わたしは、コントで世に出たから今がある。だから、コントも芝居もどっちの世界もわかるところがあるのよ。コントというのは相方がいないとできないだろう。今を生きるお笑いのヤツがかわいそうなのは、ちょっと人気が出たら必ずバラ売りされちゃうことだよな。わたしもそうだったけど。だからやっぱり金っていうのは本性として汚いものでな。

だいたい、コントのコンビなんていうものは、最初にボケに人気が出て、ボケが飽きられた頃にツッコミの人気が回って、またボケが復活して、両方すごいなぁみたいになるのが理想なんだけど、……まぁ昔はそんなようなことだったんだよ、やすしきよし師匠、オール阪神巨人師匠とかさ……、いまじゃ、ボケに人気が出たとたんに、ボケがキャーキャー言われて終わりじゃないか。ツッコミは自分でお笑いを作っているという自負があるから、そりゃジェラシーだって焼くさ。

それで急にバラ売りしてしまうだろう。ボケだけが単独出演で他の芸能人と絡んで、ツッコミはひま。それじゃ浮かばれねぇぜ。テレビ局が罪作りなんだよ。ひどいもんだよ。両方一緒に出してやればいいのにさ。コンビを壊すことしか考えてねぇもんな。

だいたいボケからピンになれりゃあいいけれど、呼吸の勝手がわからない他の人間にいじられても、そんなにおもしろくはならないだろうに。それで飽きたらポイ捨てにされるんだろう。芸人やっていけないぜ、それじゃ。ふたりそろって使ってやればいいじゃないかよなぁ。片一方だけでいいというのが芸能界なんだろうけどね。血も涙もないよな。そんなことを考えていたら芸能界じゃないんだよ。それを汚いと見るか、厳しいなと見るか、それは見様《みよう》だけれど、わたしに言わせたら余裕のない世界だよな。

わたしが今コントをやんないわけは、相方に迷惑がかかるだろう。わたしにゃ、役者の仕事があって、そっちをやってるときは、相方がどうやって食いつなぐのかって話でさ。そら、簡単に無責任にはできないよ。やりたくても、そんなことを考えちゃうから。

コント・レオナルドをやっているときにつくづく思ったんだけど、お笑い芸人というのは、これはバイトしちゃいけないんだよね。浮き世のあらで飯食わなきゃだめなんだよ。女性にヨイショ！　ちょっとでもタイプだと思えば猛アタック、しかし、結婚しようと言っちゃ駄目なんだよ。本当は結婚なんかしたくないんだから。だって、食わしていく自信がないんだから。「好きなんだよ。惚れてるんだよ」と。別段、嘘じゃないし。「金ないんだよ」。飯代だ、何だ、それはしょうがないじゃない。嫌いだったら出さない、好きだったら出すだろう。「いいよ。いいよ」と出すだろう。それで、こっちは「お世話になりました」くらいだから、浮世のあらだよ。

社長とかもそうだろう。「社長、どうも」っていい顔して近づくのは、やっぱり小遣いくれたり、飯や酒にありつけるからで、まぁ、旦那衆ってのはある種のパトロン感覚があるから世話が成立する関係でさ。「あれは、オレが育ててやった」って言えるからね。そういうことで生きていくわけだよ、芸人は。セオリーなんてなくて生き残った者勝ちのサバイバルだから。

たけちゃんがありがたかったのは、たけちゃんがグンと売れて、たけちゃんの贔屓《ひいき》の旦那がいてな、月に一回たけちゃんが行くときにわたしにも声かけてくれるのよ。行くとね、一〇万くれるんだよ。その半分の五万、何の関係もないわたしに、たけちゃんはくれてね。じゃあ、こっちは家賃払えるじゃないか。それでわたしが飯を食えるようになってその旦那と会ったことがあるんだけど、

「わー、どうも社長」

「よかったね、サブちゃん、食えてるの?」

「おかげさまで食えてます。本当にお世話になりました」

「よかったな、よかったな」

「社長は?」

「相変わらずゴルフ漬けだよ。サブちゃんも頑張れよ」

「ありがとうございます」

もう涙が出たね。そういう人がいるんだよ。それが一昔前のお笑いの世界よ。ところが、だ。俳優はそうはいかない。俳優はそれじゃ駄目なんだよ。芝居がそうなっちゃうか

ら。芝居がいやらしくなっちゃうから。

寸法㉕　人間の表裏を俳優の本性で知る

俳優というのは、「俳優の俳の字は『人にあらず』と書く。だから、俳優というのは恥かいて何ぼなのよ」と、どこかから聞いたようなことを言う人もいる。

「じゃあ、俳優の優は優秀の優だね」

「人にあらずも優秀なのかよ」

「だから、バカも秀でたらいいのよ」

たしかにそれも一理あるんだね。

でも、そうじゃねえんだよ。

ところがどっこい、って話よ。イヒヒ、大上段にかぶって言えば、俳優の俳というのは「俳諧」の俳なんだよ。滑稽という意味なんだよ。滑稽に優れたものが俳優なんだよ。つまり、意味としてはコメディアンなんだよ。

人に夢とお笑いを与えるというのはどのくらい素晴らしい世界かということだろう？　ヨーロッパではそう。向こうの俳優は誰もがこの意味を知ってる。ところが、日本の文化のなかでは「人様に笑われるんじゃないよ」と教えられるから、お笑いというのは次元が低くなってくるだろう。俳優とお笑いじゃあ、お笑いのほうが下って思うだろう？　そうじゃない。こんな話は広辞苑を引けば載ってるわけだろう。ちょっと広辞苑調べればわかるだろうとなるんだけどね。

俳優という感覚がどんどん変な方向へずれていってるんだよな、この国じゃあ。

コントと芝居の相関性を語るとだな、コントというのは手のひらの小説って言うんだよな。だから、一五分もあれば十分なんだ。それを芝居は二時間かけてやる訳だ。芝居はだからこそおもしろい。二時間あるから、いろんな役者が出てくるわけだよ。コントは二人、ないし三人でやるから、できないだろう。一五分のものを、大勢でできないよ。やる必要ないよ。三人でやればいいんだから。荒っぽいよな、そういうものなのよ。逆にコント側から見たら、一五分でできることをわざわざ二時間も引っ張ってるのかよ、って話だよ。

基本的に今は小劇場とかいろいろ見てるけど、二時間かけて見たあとにさ、

「これは結局、こういうことが言いたいんだろう」

「そう」

「一五分でまとまるだろう。もっと人を楽しませろよ」

というのが、わたしの持論だよ。二時間、御大層なことをやって、何人にもギャラ払って。わたしだったら二人でやってやるわ、みたいな。

「お前、そういう言い方ねえんじゃねえの」

「だってそうだろう」

なんて話にいつもなっちゃうんだけどな。しまいには、

「おまえ、そんなふうに芝居をバカにするなよ」

「オレは憧れてねぇよ。映画だから。映画俳優になりたかったんだ、舞台じゃねぇよ」

「バカヤロウ」

なんて話でさ。いや、わたしもあちこち結構見てるのよ。

だから、さっきの話に戻っちゃうんだけど、俳優というのは、わたしみたいな者は、

「はいはい言うから俳優だ」と言うんだよね。その辺の認識でいいのよ。滑稽に優れているなんて、とってもじゃないけど、自分のことを思ったこともないし。
「はいはい言うから俳優だよ」

と言うと、みんなにウケるんだけど。監督の言う通りに、台本通りに動きますよ、ってことなんだよな。台本がないと存在が成り立ちませんと。

ここがコメディアンとは大きく違うところだよ。ラチを頼って走るしかないんだよ、俳優は。ひとりじゃ何もないだろう。客を沸かせて座持ちさせるわけでもないんだよ。

「そんなに卑下してどうするの。もっと誇りを持てよ」と、固い俳優さんは言うよね。

「は、ありがとうございます」と言うんだけど、それを果たしてこの人は信じてるのかなと思っちゃうと、うさん臭いわけだよ。コントから来た我が身としてみれば。

俳優という職業にどんな誇りを持ってるの？　ちょっと頭を割ってみようかと思うね。どういうふうに生きてきたら、そういうふうに自信ができるの、この日本という国でさ。だから、よっぽど知らない人だと思うよ。そんな人はおもしろくもおかしくもない人だけどね。いや、ホントの俳優はいるんだよ、日本にも。本物はかっこいいし、優しいし、分を知ってるし。いちいち名前は挙げないけどさ。

そういうのがさ、結局のところ「渋い脇役で」って扱いに直結しちゃうわけだよ、メディアも客も。そりゃなんだよって話でさ。じゃあ、主役は誰がやってんの？　ったら、これが不思議なんだよなぁ、この国。

ま、話がずいぶんと別の方向にそれちゃったけれど、たとえば、葬式に出て「ご愁傷様です」ってのも芝居だろ？　でも、もう、そこがどこか、誰が見てるかもわかんねぇで、さらけ出して、おいおい泣いちまうこともある。それはコメディアン的なんだよな。誰しもがどっかしら、この世の中で、俳優的に振る舞っている部分があって、それとはまた別にコメディアン的にさらけ出したい自分ってのも、体の中にはあるわけでね。それがふつうはどっちかに偏って行っちゃうわけよ。「俳優型の人間」「コメディアン型の人間」みたいなもんよ。わたしゃ優秀なハーフだよ。イヒヒ、笑うなよ。

仕事にせよ、プライベートにせよ、人と接して生きていくわけだから、その接地面がどっちになってるか。そこに気が付けば、人間関係の寸法感覚ってのが、もっと見えてくると思うけどな。

寸法㉖　感性で泣き、知性で笑え

しかし、私がおかしかったのはきんさんぎんさんでさ、記録的な長寿の双子よ。お亡くなりになられてだいぶ経つがな。あのおふたりは最高だったね。

あるとき、インタビュアーが「どんなタイプの男性がお好きですか?」と聞いたわけよ。その答えがだ。「やっぱり、年上がいい」だったね。

この前の長寿の沖縄かなんかの爺さんの長寿の秘訣は酒とタバコ。尤も、一回見ただけで、後はタバコの部分はカットしていたな。わたしゃもう大爆笑してズッコケタね。ひっくり返って笑った。素晴らしいセンスだろう。本人は素で答えただけかもしれないけれど。あれよりおもしろいネタが書ける芸人も作家もいないだろうよ。もうグーの音も出ないよ。

知的なんだよ。インテリジェンスがあるだろう。このやりとりこそがコント、これこそがコメディよ。いまの笑いはキャッチフレーズをしつこいまでに連打してな、それはコントでもコメディでもないだろうよ。あぁいうギャグっていうの？　単発の。ひとことこっきりの。そういう笑いはわたしは好きじゃないんだ。もとはといえば、星セント・ルイスの「田園調布に家が建つ」なんかが走りだったんだと思うけどな。あれはまだ話の流れの中にあっただろう。

「涙に感性が表れる、笑いに知性が表れる」って言葉があるんだが、なんでも泣きゃいい、なんでも笑やいいってもんじゃないんだよ。リトマス試験紙みたいなもんでさ。客がバカか、演者がバカか、どっちが合わせてるんだ？　ってのは卵と鶏みたいなもんだけどさ。どんどん水位が下がっていることだけは間違いない。人間、人情という感性があるから泣けて、教養という知性があるから笑えるんだよ。スイッチポンで泣いたり笑ったり、それは幼稚なロボットだろう。もうちっと人情と教養が欲しいわな。

きんさんぎんさんは見事なもんだったよ。惜しい人を亡くしたもんだ。

百九と百十で旅立たれた人に惜しいもなにもあったもんじゃねぇけども……。

寸法㉗ 酒のこつ　その1「駆けつける」

天国へ行ったとするじゃないよ。死んでさ。ま、天国なんてぇもんはねぇんだけどな。そこで神様に会うとする。それで神様に言われる最初のひとこと、「第一声に何が言われたいですか?」って質問があるとする。

あなたはなんですかね?

わたしだったら「一杯いく?」って言われたいね。

「冷たいのあるけど」

「あぁー、すみませんね」

それが第一声だ。そのくらい酒で学んだことが大きかった。ここまでの人生の、あの無為な時間を酒のおかげで無為じゃなかったと思える。また、無為な時間を酒でつぶせたし。「おっ、もうこんな時間かよ」っていう、それが魅力だね。「おっ、もうこんな時間かよ」という瞬間がうれしいんじゃないか。酒がなかったら生きてこれなかった。いや生きられるよ、もちろん。だけどつまんないだろうな。飲めない人を羨ましいとは思わないんだよ。むしろ、かわいそうになぁと思う。どうやってひまをつぶすんだろう？　と思う。人生なんてのはでっかいひま潰しだからね。じゃあ、どうやってひまを潰すか、を考えるわけだろう。そこの工夫がそいつの見せ所なんだからさ。

「飲みに行こうぜ」

「え、雨が降ってるから鬱陶《うっとお》しいよ」

なんてもんじゃ駄目なんだよね。

「雨？　雨が降ってるからいいんじゃねぇか。いっかにも飲み助にはおあつらえ向きだな」

って思うじゃない。

「雨が降ってるからお酒。もう最高だな」

って。そういうことなんだよ。

何年か前のこと、オッサン（橋爪功）とチャコちゃん（萬田久子）から夜、電話がかかってきた。電話口でチャコがいい調子で言うわけ。

「あぁ、三郎さん、へへへー、飲みにおいでよ」

「酔ってんな、この野郎。オレも飲ませろよ。どこなんだい？」

「へへー、来られないわ。だって、京都だもん」

「バカヤロウ！　京都？」

よし、行ったろうと思って、すぐ東京から新幹線に乗ったよ。京都の店の扉をガラッと開けたら、萬田久子。

「あっ、なんやの？」

「なんやのって言い方はないだろう、おまえ、来いっつったろう！」

「うそやー」

オッサンが、

「おまえ、阿呆とちゃうんかい」

「人を呼んどいて、その言い方はないんちゃうか？」

七時の電話で一〇時前には着いてやった。いやぁ、わたしは酒で手を抜かないからね。

もちろんしゃれっ気だよ。大向こうを唸らせてやろうじゃないかという。こういうところがあるから、この世界に向いていると思ってる。子供の頃のおっちょこちょいの片鱗がいまも残っているというか。この一件で伝説が残るじゃねぇか。「あいつは東京から飲みに来た、阿呆やで」と。

翌日。お二人は京都で仕事よ。夜、またチャコから電話がかかってきた。

「まさか、まだ京都におる？」

「なんでおらなあかんねん。東京じゃ！」

「すごいわ、あんた」

「働きに行ったんちゃうねん、オレは。飲みに行ったんじゃ」

「すみませんでした」

「そんな殊勝なこと言うな、阿呆」

みたいなね。そういうひま潰しをやっていきたいわけよ。まあ、あんまし利口じゃないけど。

ちなみに、わたしは店一軒、二時間以上は居ない。長く居座るのは野暮だからな。酒は駆けつける瞬間が、一番おもしろい部分なんだよ。

寸法㉘ 酒のこつ　その2「無礼講の掟」

まぁ、酒はまずは百薬の長。憂さを晴らす、人生を鼓舞させてくれる、人とのつき合いを平等にさせてくれる。功罪でいえば、功が九〇で罪が一〇くらいだね。何が罪かといえば二日酔いだね。それだって水というものがあって、「この水！」という、うまさを教えてくれるじゃない。水を教えてくれたものね。これが飲みたいから酒を飲むんだよ。あの水のうまさたるや、酒飲みの味方という感じだろう。それじゃなかったら水のうまさなんかわからない。

ただ、酒の席ってのは、往々にして下手打つじゃないか。下手の打ち方が、酒は平等にしてくれるのよ。それで意識の中で平等にしてくれるじゃない。そういうもんだよね。だけどもだ、元々は、決して平等じゃないということをわかっておかないと、それは「酒に飲まれている」っていうことだろう。酒は飲まれちゃいけないんだよ。あくまでも飲んでやるものなんだよね。結局、わたしなんか、飲むと声もでかくなってくるし、態度も荒っぽくなってくるし、目立つんだけれども、先輩に食ってかかるとか、ごりごりに自分の意見を押し通すということなんかはなかったね。それはどこかで正気失ってないからだよ。

無礼講という意味がわかってなきゃ、無礼講って言えないよ。無礼講とは、ひと言で言やぁ、無礼講じゃないんだよ。なんだ、その禅問答は！　ってことなんだけどさ。あえてわざわざ「無礼講です」と言うっていうことは、これは無礼講じゃないんだからさ。そこのところみんなわからないから、阿呆なサラリーマンが（芸能界でもそうだが）失敗するんだよな。「きょうは無礼講だから」って好き勝手やってみろ？　絶対に出世できないから。無礼講の場だからこそ、きちっと道理をわきまえてないと。それが日本の武士道なんだよな。

無礼講なんか、家庭の中でやれと言うの。男が一歩、うちから外に出たら、それは全部、〝縛り〟の世の中なんだから。うちに辿り着いて、自分でドアを開けて中から鍵を掛けた瞬間に自分の生活が始まるわけだから。そっから無礼講よ。一歩出て家に帰るまでは全部芝居なんだよ。ゴマするのも芝居だろうし、別にちょっとでもしゃべった方がいいのかなと気を使うのも芝居だし、今日は誰々さんが死んだから、葬式行く前にちょっと床屋に行って来ようってのも、「御愁傷様」としかめ面して言うのも芝居だろうし、全部芝居だね。「今日は結婚式おめでとう」と言うのも芝居だし。うちに帰ってくるまで世の中に無礼講なんてないわな。

いい歳こいてきたら、無礼講という言葉を作った意味はわからなきゃ駄目だよな。わたしなんか子供のころから知ってたよ。日本人は押しなべて幼いよな。

寸法㉙ 酒のこつ　その3「状況のうまさ」

酒が楽しい。そりゃあ、よござんした。でも、楽しい酒には役が揃ってないと、そうはならないよな。どういうことかと言やあ、素人さんにゃあ、わからない感覚かもしれないけど、わたしなんか、たとえば、高倉健さんと飯を食ったたって正直うまくはないんだよ。ド緊張で、まさに飯がのど通らないんだから。味はわからないし。

「サブちゃん、うまいか?」

「うまいです。はい」

何がうまいって言われてもですねぇ、味がわかりません……、そういう感覚なんだよな。だから、スターさんなんて、もっとずぅーっと向こうの方にいる人ってことでいいだろう。わたしはそれこそ奇跡の寸法違いが起こって、その人に取り入れてもらったんだけどな。

これは六〇過ぎまで生きてこなくたってもっと前にわかってたけどさ。やっぱり、どういう料理がうまいんだろう、どういう酒がうまいんだろうっていう問題じゃなくしてさ、その状況のうまさっていうのがあるじゃないか。そこにしかうまさはないよな。

ガイドブックで調べて、あの店に行ってみたい。それ自体は犬が電柱にしょんべん掛けるみたいなことでさ。もちろん電柱好きな方は、趣味に邁進していただいたら結構なことなんだけどね。それは趣味の世界だから。

でも、誰と？　のほうが肝心要だわな。うまい酒ってのは、なんたって、自分で一番気のおけない友達と、「どうだい、この店」というのが一番うまいだろう。それが一番だね。酒、肴というのは相手役次第だよ。それを役が揃うっていうんだよ。

一人というのはうまくない。それだったら、うち帰って茶漬け食って布団かぶって寝る！　二番目が、まあまあしゃあないからうちで食うか。これは血となり、肉となるのかな。明日、体を動かさなきゃいけないだけのことだ。そりゃあ、「一緒に行こか？」と飯を食えるヤツが居るということが重要だよ。だから、健康で長生きするのに越したことないんだよ。長生きしたいのはみんなしたいんだよ。長生きのミソは「何人友達が居るか？」だけだよ。友達居なかったら長生きしたってしょうがないんだよ。生きるというのはそういうことだろ。わたしにとってはそういうことなんだよ。友達と酒を酌み交わすだけの体力があれば長生きしたい。百でも二百でもさ。そうじゃなかったら明日でもいいよ。

わたしは「人との癒着」という言葉の中で生きていきたいから、山ごもりしてひとりで飲む酒なんてのは考えられないんだよ。それも趣味の話で、否定なんぞするつもりもないけれども。ひとり酒はないね。自分ちで迎え酒を飲むときしかないね。

孤独なんか考えたことないな。何なの、孤独って？　貧しい語彙だぜ。貧しいだろ、語彙が、「孤」の「独り」って。ギャグでは言うぞ、「オレは孤独だ」と。オレにとって孤独なんていうのは得意のギャグ用語だよ。孤独になりたくないなとも考えないね。つまり、孤独なんてあり得ないのよ。わたしの辞書には。何、それ、その語彙を作ったヤツってのは、貧しい言葉を作ったなと思うね。やたら文学的な香りがするらしいけど、わたしとしては、ギャグ、ギャグ。

だから、太宰治とか中原中也とか、あそこら辺が、前髪たらして物思いにふけったような顔を一瞬するんだよ。もう虫唾《むしず》が走るよ。あれはわたしん中じゃあ無頼派には入らねぇぜ。シニカルさがないんだもん。例えば先に述べた橋爪功（オッサン）氏なんてェー御仁はシニカルだねえ無頼だネー。世の中なんていうのは、斜に構えればちょうどいいじゃないか。くらいのことをサラッと書くのがわたしの中の無頼派でね。

まぁ、話が飛んだけれども、「誰と飲む?」「じゃあ、あそこだ?」なんてのがポンポンポ〜ンと出てくるのが酒飲みの喜びでさ、それに、「え!? こんなときに!?」ってのが揃えば、もう最高だね。してやったりの無上の酒になるよね。で、しまいにゃあ「おっ、もうこんな時間かよ」と来る。いいね。酒は状況がうまいのよ。


すごいのは由紀さおりさんでさ。

昔、ドラマ『貫太ですッ!』で夫婦役をやった縁があってね。そこから親しくさせていただいているんだけれど、由紀さおりさんは、見ているだけで勉強になるような人間でね。天才はゴロゴロいるわけじゃないけど、本当にいる。天賦の才に恵まれた人。童謡歌手としてデビューして、いずみたくさんのところで歌い手としてオクターブを広げたのは訓練のなせるワザだろうけれど、歌えて、芝居もできて、さらにはコントもできる感性を併せ持っている人。そんなのなんていないよ。彼女くらいしか思い当たらないね。わたしなんて尊敬してるから年下なのに「ねえさん」って呼んじゃいまさぁな。

女の色気といい、物の裁き方の見事さといい、素晴らしいんだよ。クレバーなんだよ。


前に、こんなことがあった。うちの若い衆のライブの打ち上げの流れかなんかで、どっかもう一軒ってことになってさ。『貫太ですッ！』の打ち上げの四次会をやったスナックのことを思い出して、三年ぶりくらいに行ってみようってことがあった。そこは由紀さおり大ファンの人がやってる店なんだ。

「あっらー、ようこそ石倉さん、おひさしぶり。よく店がわかりましたねー」

「そりゃもう、ここは簡単だったし」

「今日来ることは由紀さん、知ってんの？」

「知らない知らない。ついでで来たのよ。ごめんね、ついでで」

「いや、呼ぼう。来るよ」

「待ってよ、そんなつもりじゃないから」

普通は来ないぜ。女優さんだもん。歌手だもん。スターさんだもん。来たよ。「はぁ～い！」って。ふたりでカラオケを歌いまくってね。なんなんだよ、そのフットワーク！なんだかポンと楽しくなるだろう。さっすが本物のスターさんだよ。これが芸能人。

由紀さおりが来て、由紀さおりがわたしを見つめて、由紀さおりの歌をふたりでデュエットするなんて図、かたぎの人じゃ考えられないぜ。「オレ、この世界にいてよかったなぁ～」と思うときなんだよ。本当に、そこそこ売れててよかったと思うよ。無名だったらありえない。すみません、ミーハーで！

芸能界は哀しいかな、ランクの世界だからさ。ボクシングと似てるのかもしれない。ランク付けで全部が決まるから、ランクを取れるように頑張るしかないのよな。無名のヤツは人間じゃない。カメラの前で「おい、そこの茶色い背広、どけっ！」って服の色で呼ばれるわけだから。売れたら勝ちだよ。勝ちってのは、横柄にできることじゃあない。こういう遊びができることが勝ちじゃんかよ。

うっわー、最高だなぁと子供のように喜んじゃうよな。最高の酒だよな、あれは。

寸法30 世の中は、男と女と女優の三種類

ともかく由紀さおりさんは、これまであった女性のスターの中で、いい女だなという、まあ、本当にスターを永《なが》く張ってらっしゃる方というのは、実に魅力がありますな。わたしはスター女優さんといわれている方々とはあまり縁がありやせんが、あの女《ひと》はいい。つまり、頭がいいんだね。恥じらいがあるし。素敵だよね。挨拶にしても何やるにしても通り一遍じゃないんだよ。相手に通り一遍じゃないなと思わせることができる人だよね。そこが魅力。

これが、チャコ（萬田久子ちゃん）になると、かわいくてね。美人で魅力的なんだけど、妹みたいな感じになるよな。かわいいね。悪気も何もない子だから、すとんと生きてる子だから、潔い。ある種、男の子だよ。彼女はね、ものすごく涼やかで、さわやかって感じするよ。

それに言わずと知れた桃井かおり様！　こんなわたしめに彼女の初監督である『ある

無花果《いちじく》の顔』に亭主役を振ってくれたんだけど、おもしろい毎日だったなぁ〜。出会いは京都で何年か前、わたしが太秦《うずまさ》の街をブラブラ歩いていたら、遠くの方から「三郎サ〜〜〜ン、サブちゃん〜〜〜」と声がした。誰だぁ？　と思い、キョロキョロしてたら、タクシーが近づいて来て、そこから手を振っているイイ女がいた。ハテナ？　誰かしらん？　なんぞと思っていたら、何と！　かおり嬢だった。

「どこへ行くの？」「え、ああ、東映へちょっと」「ねえ、今度、飲まな〜い？」「え、いやぁ、その、そりゃあ、いいですなあ」「じゃぁ〜ね〜、バ〜イ」。いやいや、呆気にとられたね〜、わたしぁ。

彼女の満面の笑み、そらまあ、それまで一、二度位は、テレビ局の廊下なんかで会ったことはあるんだけれども、そらあ、スレ違ったぐらいのことでね。何年も経ってるし、こっちとしちゃあ、へ〜、覚えてくれてたんだとね。それをいきなり、ボーと歩いているところをわしづかみされちまった。

で、また、何年か経って、また、いきなり、「ね〜、今度、映画をやるんだけどさ、出てくんない？」「えっ？　出ますよ、やりますですよ、はい」って訳で、映画をやらせてもらったんですわ。何というか、当たり前のことで気恥ずかしいけれども、世の中というのは広いもんです。すごい人も一杯《パイ》いますな。ちなみに、この『無花果の顔』は、日本以外の国々で賞というものを取りまくっていて、正に桃井かおりワールドですよ。

このわたし、そういえば売れない頃、あき竹城さんに頼まれて、夏目雅子ちゃんのボディーガードやってたことがあるのよ。彼女が宝塚劇場に出ていたんだけど、ストーカーみたいなファンがいてな。あきさんに、

「サブちゃん、ひましてんだったら守ってやんな」

って言われて、送り迎えをしてたんだよ。一回、雅子ちゃんが辛い辛いカレーを食べたいと言った日があって、「じゃ、オレんちで食べる?」なんて作ってあげたことがあったよ。見事に平らげて帰ったな。色っぽい話はないよ。それを、思うような立場でもないしな。こっちは売れもしない、うだつの上がらない人間で、向こうはものすごい大スターでさ。そんなの思うこと自体不遜。そんな気も、全くない。


女優さんというのは凄いからね。

この世には男と女と女優がある、って言葉があるんだけれど、あれは言い得て妙だね。

女優ってのはね、女優よ。女でも男でもない。役者の世界ってのは、男と女がこうグーッ

と接近して交わっていくみたいな感じがあるんだよ。

まずな、男の役者ってみんな女々しくなっていくんだよ。自然とそういうふうになってくるんだろうね。特に二枚目さんなんかは、ずっと鏡を見てるじゃない。それって女の所作だよね。もっと見てくれをよくしたいと思ってくるんだよ。自分の売りは顔だと思ってる役者なんて、阿呆かと思うくらい鏡ばっかり見てるよ。オカマじゃないけど、芸の魔力なんだよな。どうしても日に日に目張りが濃くなってくるんだよ。化粧が濃くなっていく。それは本来、女のすることじゃないか。

だけど、それはわかるよ。そういうものだと思うよ。役に準じて、美男剣士とかやるときは、しょうがないよ。昔っから、みんな張ってるんだから。目を大きく描いて、目尻を長くするんだから。


それに風穴を開けたのが勝新太郎さんで、目張りを張るのは嫌だ、自分の素の顔で行きたいと言ったんだよ。それが勝さんのすごいところで、高倉健さんに至っては、ドーランさえ嫌だという人だ。そういうむき出しの男もいるわけじゃない。

でも、多くの昔の二枚目美男剣士というのは、キューっとこう引くわな、それはそれでわかるのよ。それが女々しいとは言えないんだけど、ただ、女々しいという言葉は男にしか使えないだろう。女で女々しい女って居ないから。そういう意味では、言葉で言えば、きっと女々しいんだろう。

わたしみたいなものだって、ときにはハゲ隠しを塗ってみたりすることがあるんだもん。男の役者なんていうのは、それはしょうがないよな。逆に、女々しいの反対語ってのがないんだけど、仮に男々《おお》しいというならば、女優は男々しくなっていくよな。男の役者に、男でありながら男を捨てるみたいな部分があれば、女の役者には、女を捨てるみたいな部分があるわけでさ。そういうのがなんだか混ざっていくみたいなことになるんだよね。

極端なことを言ったら、今のお笑いやっている女芸人さん達みたいに女がかわいいって言われる部分を捨てちゃう人まで出てきたら、そりゃあ男は勝てないよな。ありゃあ、芸人だけれども。あのふてぶしさには太刀打ちできないじゃないか。

女優だって、客にどう映っているかは別にして、中身は多かれ少なかれそういうところがあるわけだもん。シャキシャキ、サバサバ、ヘイヘイとなってくるわな。だんだん男に近づいてくる。自分にウットリじゃあ務まらないもの、この世界。

いや、ウットリで「私イケてるの」と勘違いしたまま、させたまま、この世界に入り込んだ女優や歳重ねる女優がいるってのもまた芸能界の深さだけどな。そうやって、男と女が近くなっていく感じな、あれは役者の世界、独特のものがあるんだよ。

だから、あの女は女優だなぁなんていうときは、そういう、男が太刀打ちできない感じを出してる感覚なんだよな。向こうはこっちが女を知る以上に男ってものを知っているんだもの。男でも女でもない別の生き物って感じがするんだよ。見事なものだよ。

第三部

恥

粋でいるにゃあ、恥を知らなきゃなんねぇだろう。
恥を知るには、粋でいたいと思うことでしか始まんねぇだろう。
この表裏一体の感覚よ。

寸法31 米を卒業したと書いて「粋」と読む

グルメブームだとか、お料理本が大流行だとか、いまでもテレビは料理バラエティばっかりだ。オレもご多分に漏れず、料理本を出した張本人のひとりなんだけどさ。おまけに、予想に反して、おかげさまでこれがけっこう売れてるんだけどな。友人の俳優・橋爪功さんが、ポツリとこんなこと言ってた。

「いま、新聞のテレビ欄の料理番組を全部墨で塗りつぶしてご覧なさい。残りがどんだけになると思う? そんなにみんな腹が減ってるのかね。侘しいもんだねぇ」と。

これは大いに同感だね。まったく野暮になってる。本当はニュースを読みたいようなアナウンサーが、訳わからない素人のオバちゃん三人連れでランキングやるんだよ。味は、値段は、って。そういうのニュース番組でやるなよ。ああいうのは恥ずかしいよ。外国にばれたくないね。テレビの人って勉強しないんだろうか。

食い物ってのは、その成り立ちからして根本的には「粋」じゃないのよ。「粋な料理」「粋な物を出すメシ屋」なんてもの、そりゃあ、あると思うよ、あると思うけれど、元を考えれば、ただ言葉がグルッと回ってるだけでさ。というのは、メシは元々は腹を満たすものなんだから。なけりゃあ困るものだろ。なけりゃあ困るものに粋もへったくれもないわけ、そもそもは、だよ。〝なくてもいいのにある〟って無駄な部分が「粋担当」だ、ってぇのが「粋」の本筋ってもんだからな。わざわざ要らないものに手間ヒマかけて、ありえないことを「やりよったな」って愛でるのが「粋」ってもんだ。あるいは、わざわざ自分の持ってる権利を無償で手放すとかさ、それが「粋」な計らいじゃねぇかよ。

だいたいにして、「粋」という漢字を分解すりゃあすぐわかる。「米」を「卒業」したと書いて「粋」と読む。メシを食うことにかまけたり、メシにこだわってるのは、本来、粋じゃないって話になるのよ、これが。もちろん、メシの世界にも粋はあって、腹を満たすだけじゃなく、無駄な部分がありますよ、ってやってるわけだから、理解はできる。わたしは実はあまり興味が湧かないわけだ。がつがつがつがつ、唇をベトベトにしながら酒食らってる、飯食らってるヤツは見た感じが粋じゃないだろ。ちょっと小忙しい店んなかで、そんなに注文もしねぇで、次の客に席を譲るという粋さがねえよ。「さっき注文したやつ、来ないんだけど」って聞かないで、「もう作ったんなら、それでいいよ」って払えばいいじゃない。そういう粋さがほしいんだよ。食うことに走るなよ、と。

だから、食うのに一所懸命になってるヤツには粋さはないよ。粋を張るなら、他んところでやりたい性分でね。米の心配が要らなくなったら、人は何をするか、何を創るかってのがおもしろいわけでさ。だから、あまりにも、メシがメシが、ってやってる流行を見ると、卒業したらどうなんだ？　と言いたくもなりまさぁね。生存の足しになんにもならねぇところで、やせ我慢やら、無駄を張ってる部分に、この世の面白味が詰まってるように思うよ。わたし自身もそうありたいもんだね。

寸法32　「忙しい」は「恥ずかしい」だ

日本人ってのは、「忙しい」が好きだね。ホント困ったもんでな。いつも「忙しい、忙しい」って言ってるわな。

「最近どうよ」

「おかげさまで忙しくさせていただいてます」

なんて挨拶に使ってみたり。これは、発想がなんと侘しいことだろうと思うよな。だって、「忙しい」ってのは、考えてみりゃあ「時間がない」ってことだろう。なぜ時間がないかといえば「お金がないから、働かなきゃ」ってことだろう。つまり、「忙しい」ことは「恥ずかしい」ことなんだ、とわたしなんかは思うわけなんだよ。

だから、わたしの前で発せられる「忙しい」って言葉は、全部「恥ずかしい」に聞こえる。あぁ、コイツは恥ずかしいヤツなんだなぁ、と。多くの人間は、笑顔ヅラ下げて、少々ニタニタしながら、

「おかげさまで忙しくさせていただいてます」

と、こう来るじゃないか。ちょっと誇らしげに言うじゃない。あれがどうにも腑に落ちない。むしろ、ちゃんちゃらおかしい。もっと恥ずかしがってほしいもんだよな。ちょっと伏し目がちに、

「恥ずかしながら、忙しくせねばならぬはめになっております」

くらい言えねぇものかと、その度に思うよ。だって考えてみなよ、「忙」は「心を亡く

す」って書くでしょうよ。限りある人生のうちで、心を亡くした時間が長くてどうすんのよ。それも、心が亡い状態を誇っててどうすんのよ、って話でね。誰も気が付いていないのかなってわたしみたいなもんは思いまさぁね。

「忙しいんです」

ってのは、

「いま心を亡くしておりまして、恥ずかしい状況なんです」

って大っぴらに言ってるのと同じことだろう、実際。

「忙しい」を良いことのように思っているのは、世界広しといえども、この島国だけだよ。イギリス人もフランス人もドイツ人もイタリア人もアメリカ人も中国だってインドだって、決してそうは申しません。早く、忙しいをやめて、文化的な生活をなさい！　と思うわけよ。本を読んだり、絵を見たり、演劇を見たり、なさい、と。忙しいことを恥じなさい、って。

わたしなんか「忙しい」って言葉を呑み込む代わりに何て言うかつったら、

「ポッと出なもんで」

って言うね。

「今だけですよ、ポッと出でね」

と。こっちはポッと出で二五年だよ。みんな「おかげさまで」ってうれしそうな顔をするんだよ。哀れだよ。謙虚に見られたいがためにそう言っちゃってさ。何だよ、その謙虚？　どうせだったらわたしみたいに卑下しろよ。ってなことなんだよな。

寸法33「中途半端」と書いて「ほどを知る」と読む

中途半端、ってのはいいね。わたし自身が中途半端な役者だから、そんなふうに思うかもしれないけど。中途半端バンザイ。中途半端大賛成。良い加減、というのは、すごく悪い意味の言葉として使われてるけど、あながちそうでもないんじゃないか、って気がするんだよ。もちろん、未完成やら、どっちつかず、って意味があることは知っているけどな。

しかし、これを「中途半端」と書いて「ほどを知る」と読むって手があるんじゃないかと思うのよ。手前の能力が青天井だ、なんて思ってるのは、子供か、井の中の蛙か、天狗になってるヤツか、まるで挑戦しないヤツか、しかいない。そんなものは、ちょっくら外に出てみれば誰でもわかることでね。「これはできるけど、これはできないな」と。自分の頭がどんだけ回るかなんて、ちょっと考えりゃあ「あ、知れてるな」ってことはふつうは気づくものだろうて。

要は、塩梅《あんばい》を知るってことが、身のほどを知るってことだろう。身のほど知らずは、結局は周りに無理を強いて、迷惑をかける。望みすぎると幸せからどんどん遠ざかる。最近はどうも増えてる気がしてならねぇがね。

人の人生なんて、突き当たりはふたつしかないのよ。「夢が叶った」か「身の程を知る」かのどっちかよ。そこで人は止まるんだから。それで言うと、夢はでっかけりゃでっかいほうがいいわな。だって、夢なんてものはだいたいが叶うからさ。わたしゃ、芝居の世界で食いたい！　って夢と、値段を気にせず本が買いたい！　って夢と、鮨屋とレストランで値段を見ないで注文したい！　って夢と、あったけど、それっぽっちの小ささじゃあ、叶っちまって、あとどうするんだよ、って話でね。もちろん、夢は継ぎ足していけばいいだけの話だけどな。

もうひとつの「身の程を知る」ってのが、うまくいってないわけよ、今の世の中。平和な世の中だと身の程知らずが増えるんだろう、そりゃ。夢じゃなくてさ、欲望のほうをどんどん膨らませてるんだろう。それで、身動き取れなくなりまして、苦しいです、だって。はっきり言って、こっちの知ったこっちゃねぇよな。

「何様」ってことだよな。それは自分との関係において目の前の相手が「何様」ってことじゃなくて、世間に対して「何様」ってことだろう。何をお役立ちしてるんですかい？ってこと。身の程知らずが物事を駄目にしちまうってことは、たくさんあるんだよ。だから、欲が人間を駄目にするんだよな。かと言って、欲は人間が生きる証じゃないか。このふたつが相反するところにみんな悩むわけなんだ。

だから、商売をしながら良い人であるとか、そんなのは本来あり得ないんだよな。無理なのよ。まあ、一流の商人《あきんど》は汚く稼いできれいに使うらしいけど、で、入り口はさておき、出口できれいに使えばいいってことになるだろ。商売人の徳を得る方法っていうか、徳なんか得なくてもいいんだけど、そういうことしかないのよ。

欲はいかん、欲は。結局、欲を持つとしくじるという。こうなっちゃうよ。だけど、一方で、そうすると人間が小っちゃくなっちゃう。どうだ、難しいだろう？　このパズル。

ひとつ言えることは、さじ加減ってことの値打ちが薄れて来てるってことだろうな。手加減とかさ。加減しねぇとうまく行かないってことが抜け落ちてるんだろう。全開で行って、誰もわかってくれません、そりゃ当たり前だろう。なんだって相手があるんだから。と考えると、だ。中途半端も悪くはない。「ほどほど」ってことよ。似た言葉に「中庸」ってのもあるけれど、これもいい言葉だね。過不足ないってこと。いい塩梅の中間ってこと。だいたいにして、中間ってのはいつも変わらない。極端な部分は出入りがあるけれども。

「適当」って言葉も好きだね。「適《かな》う」に「当たる」なんだから、そらぁ、最高のコストパフォーマンスだろ。「いい加減」もいい。「加える、減らす」がいいっちゅうんだから、塩梅に対する褒め言葉だな、なんて思うけどね。

まぁ、役者やってると、これがもうすべて塩梅勝負なわけで。声張り上げてがなりゃあいいってもんでもないし、目立ちゃいいってもんでもないし、強調してやったらめったら大きな芝居をするのがいいってもんでもないわけでさ。さじ加減が役者の巧拙ってことにもつながるんだけどな。だから、公私共々、中庸に、中途半端に、ほどほどに、適当に、いい加減に生きるってのが、オレの目指すところであってね。これがなかなか深くて難しいってんだから、ますますおもしろいわけよ。

料理と一緒でね。塩入れすぎりゃ辛いし、出汁《ダシ》が効きすぎりゃうるさいし、塩梅勝負のおもしろさってものに、気づきゃあいいだけのことなんだよな。さじ加減、手加減なんて、料理をちょっとやりゃあ、すぐわかる。料理の世界にゃ大は小を兼ねる、は、あんまりねぇんじゃないかな。過ぎたるは及ばざるがごとし、はあるけど。

塩梅ってものがなきゃあ、味は出てこねぇ。見かけとハッタリばかりになっちまう。

寸法34「職人」という言葉を雑に使うな

わたしは褒められることがとんとない役者なんだが、橋爪功氏に一個だけ言われることがある。まぁ、ピンと来ないからうれしくもなんともないんだけれども、「照れ顔がいい」、らしいですわ。な、そんなこと言われてもうれしかねぇよ。なんだよ、「照れ顔がいい役者」って。「石倉三郎の照れ顔がいいんだよ」って。それで仕事が来るのかい？　ま、そんなこともありつつなんだが……。

いま「職人」って言葉があるだろう。「いい仕事しますねぇ」とか「職人だなぁ」と褒め言葉になっているよな。


日本で職人なんていったら、二言目には「頑固」でひとくくりだろ? 頑固じゃねぇんだよ。きっと、それにしか興味がないんだよ。職人さんってのは無から有を産みだして、目の前に物を作る人じゃないか。それはやっぱりマジックだよな。息を呑むよ。

職人といったら、寿司職人? わたしに言わせりゃあれは、あれは職人さんじゃなくて料理人なんだよね。寿司の場合はネタ台があって、目の前にお客さんがいる。ありゃあ、ネタ前、だよ。板前と同じだよ。板前はオープンキッチンでやってるんだから、カウンタ一を挟んで客と会話をしなきゃいけないサービス業だよ。職人だったら、「はい、どうもいらっしゃいませ」って満面の笑顔で言えるかな?

おそらく、愛想よりも優先するものがあるんだから。サービス業はその名の通り、愛想が最優先だろう。

「今日はどうですか? 雨が降っちゃってね、旦那」

の一言も掛けるだろう。そういうのがない寿司屋は行きたくないよ。

「なんだよ、おまえもっと愛想よくしろよ」

となっちゃうじゃない。だからといって、

「だんな、このマグロは大間ですよ、これがインド洋」

みたいに講釈垂れるところもいやでな、マグロはマグロじゃないか。うまいマグロを食わせてくれよ、ってことでさ。まぁ寿司屋というのはおもしろい。

フランス料理では「キッチンは戦争だ」なんて言うけど、ともかく、料理人はおしなべて、向かう所は素材でしかないわけだから、それは職人とはちょっと違うだろう、料理人だろう、と思うよな。無から有じゃなくて、有をもっといい有に変える仕事だよな。だから、職人という言葉が輝きを持つときってのが、厳密じゃなくなってるわな。職人という言葉がやたらポピュラーになりやがってさ、頭に来ちゃうよ。

「芸人」という言葉だって似たようなものだよ。

「芸、できるのかよ」

「まぁ、ちょっと」

「お笑いか？　あれで芸なの？」

と言われたら、「すみません」と言うしかないよな。

「芸人だったら、お笑いもできるし、手品もできるし、歌のひとつも歌えるんだろう？」

「ええ、多少は」

なんて交わして、その三つで一時間はひとりで座持ちをさせられる、それは芸人だよ。一五分持たないのは芸人じゃない。芸人は時間を持たせてなんぼ、人様のひま潰しをお手伝いしてなんぼじゃない？


越路吹雪。「偉大な歌手」と呼ばれたときに彼女はこう言ったね。

「偉大な歌手？　やめてくれる？　私、生意気だけど、芸人と呼んでほしい」

しびれるよね。もう越路吹雪の真骨頂だね。いまのミーハー歌手に聞かせてやりたいよね。「私、歌手です」「はぁ、ただの歌い手？」ということなだけでね。芸人という言葉はもっと重いんだよ。だから、自分で自分のことをなかなか「芸人です」とは言えないよね。

職人という言葉の意味も、芸人という言葉の意味も、ものすごく希薄になっているよな。全部の言葉が机に並んでいるから、どれも値打ちが同じだと思ってしまうよな、いまの若いヤツらは。それじゃあ、いかんぜ。
それを証拠にいま「タレント」という言葉が値下がりしてるだろう。「タレントさん」なんてみんな言われたくないよな。「タレントさん？……才能さんですか？」ってなるだろう。だから卑下するときに「私はタレントです」と言えば納得されるじゃん。便利なギャグとして使えるという、な。職人も芸人も打ち込むがゆえに、言葉少なになっていくよな。人間と話しているよりも、人間じゃないものと会話してるときのほうが多いんだから。人とふつうにしゃべるのが下手になっていくってケースがあるんだよ。
それに、おいそれと、自分は職人だ、自分は芸人だ、と言うのは畏れ多いという感覚があるよな。「まだ道すがらです」みたいなところがあってしかるべきだろう。職人なんて「職人さん」なんて呼ばれたら気恥ずかしいものだろうだと思うよ。職人って呼ばれて喜んでいるヤツや、自称・職人なんてたいしたことはないのよ。

――――＊――――＊――――

では、あたくし石倉三郎は自分のことをなんて言っているか？　それは、ハワイで二時間つかまった話をするしかないか。あるとき、飲み仲間とハワイに行くって話になって、どっかの局で撮影しているときに女房から電話がかかってきたのよ。

「あんた、パスポート切れるわよ、今日行ってこーい」

「えーっ、うっそ！」

「駄目よ。ハワイに行けなくなるわよ」

「なんだよそれ、今日この撮影が終わったら行くわ」

写真だけでも撮ろうと撮影明けですぐに行ったのよ。そのときな、たまたま殺し屋の役の真っ最中で、タキシードを着ていたんだよ。蝶ネクタイで。そのまんまで撮って新しいパスポートに貼り付けたの。

それで、いざハワイよ。入管のときに捕まったよ。「おまえは怪しい」って。職業欄のところにわたしは「俳優」って書かないよ。悲しいかな、自信がないんです。恥ずかしいよ。だから自営業だと書いているわけ。自分一人で営業してやってんだから自営業だろうよ。

「あなた職業は？」

「自営業です」

「自営業で何してるんだ」

「俳優」

「アクター？」

「アクターです」

「じゃあ、なんでここにアクターって書かないんだ」

「ちょっと恥ずかしいから」

「ナニ？　恥ずかしい？　自分の職業が恥ずかしいのか？」

「日本ではそういうのがちょっと謙虚というか、ちょっと自分では書きにくくて……」

「何を言っているのか、訳がわからない。第一、写真とオマエと、顔が違う！」

それで二時間足止めだよ。ハワイの入管で。

女房は、わたしが暴れているんじゃないかって心配して待ってるんだよ。こっちも暴れたいのは山々なんだけど、ハワイなんて別段来たい場所じゃないんだから。かと言って、七時間飛行機乗って飛んできて、すぐまた七時間飛行機乗るのはいやじゃない？　へいこらへいこらしてたのよ。なんとか説明してわかってもらったのよ。

「この写真は貼り替えたほうがいい。そして、次からはちゃんとアクターと書くこと」

「わかりました」

説教食らってなんとかその部屋を出られたよ。

やっぱり日本の芸能界にいると、俳優って名乗るのは気恥ずかしいことになってしまうのよ。「俳優してるの？」と偉い人に言われたら、どうしよう、穴があったら入りたいみたいなさ。多分、わたしだけだろうけど。職業に対する誇りを教えてもらってないんだ、わたしは。未だ見つけられずに格闘中だしな。小さいときから、褒められずに褒められずに来ると、人間こうなるのよ。悪い例よ。まだ「照れ顔」だけなのよ。

寸法35 「見栄」というのは「慎み」だ

見栄《みえ》なんて関係ない男というのはやっぱり魅力がないよ。見栄もそこそこ張りますというヤツのほうが人間味があるよね。見栄というのは、文字通り「見栄《みば》え」だろうが、わたしが言うところの見栄というのは、慎みなのよ。つまり、ここぞのときの見栄の出し方勝負でさ。男を出すときに見栄の一つも張らないようじゃ、男として生きていけないよね。見栄を切るというのは、つかむことなんだよ。別名「ちょっとよろしく頼むよ」ってことだよな。
　出しっぱなしじゃあ、人様にとってうるさいだけじゃない。先に慎みと言ったのはそういうことよ。ふだん、張らないヤツが、ポッと張れば、その変化が周りにわかるじゃない。ギャップに気づいてもらえるじゃないか。だから、オッ？　何か来たぞ？　となるわけでな。そこの出し入れこそが、男の見栄の勘所だろう。見栄ってもののおもしろいところだし、効果的なところだろうな。だから、見栄にばっかりうつつを抜かすヤツは、ケチが多いよな。ほかに回す余裕がないもの。すぐ筒一杯になっちまう。いつもパンパンよ。そうすっと、周りは「はいはい、わかった、わかった」と、こうなるわな。余裕がないってのは、そりゃあ野暮極まりないだろうよ。

　売れない食えない頃、周りにいい時計して腕や首にチェーンをして何でも女が一番、女しか興味ないいっつーような男がいるわけよ。女連れて、いいカッコウで「メシでも食うかい？」なんて、そういう人達が寄ってくるわけ。しかし、そういう人達ってのは、自分の飾りと女に対する見栄とで、我々まで、気が回らないんだよね、食わして歌の二つも歌わせていい機嫌になったら、じゃあ、ガンバレヨ！　ってなモンでね。こっちは帰りの車代をアテにしてんのになあ！　粋とはほど遠いわな。私もセコだけど、着ている物は風采があがらないなんてオヤジが、小遣いをくれたり、メシを食わせてくれたりするんだ。

だから、そういうので私なりに世間がものすごくわかる。一見、ギラギラとしたヤツというのはかわいそうだなと思うよ。〝孔雀〟と〝スケベ〟は、余裕がないんだな、って。わたしとは合わないし。まぁ、見栄と慎みはほとんど同じ意味って勘所をつかんでもらいたいもんだね。だいたいのヤツぁなかなかできねぇんだがな。

寸法㊱ 女は男の合わせ鏡だ

だいたい、連れている女を見るとそいつがどういう男かがわかる。

女は男の合わせ鏡だから。男がすごかったら、そら女も格好いいよ。逆に、男を見ても女がわからないんだよ。つまり、男というのは多少は懐があるんだよ。女というのはもう即だよ、男で変わっちゃうよ。「女は男次第」って言うじゃない、あれ、まんまだね。女はどんどん変わる。生きる術なんだと思う。男はな、女を選ぶんだったら、自分の性格に照らし合わせなきゃうまくいかねぇだろうな。そりゃそうよ。てめぇの性格に合うってことが一番さ。
わたしだったら、まずは万事控えめな女だよな。出しゃばらない女。それだけよ。つまり、頭がいい女だよ。ハートがいいということは、頭がいいということだよ。状況を見るに敏《さと》いってヤツだ。常識観念と社会通念があるってこたぁ、頭がいいってことよ。犬っころに洋服着せてるみたいな女は駄目だよ。犬っころに人間の言葉で会話している女、電車で化粧している女、携帯電話をかけまくってる女、飲み屋ですぐにため口になる女……、駄目！　駄目！

たとえば、ホステスでもいろいろいるじゃないか。しばらくしたらすぐにタメ口きいてくる女。これは駄目だね。頭が悪い証拠だよ。こっちは客なんだから、そっちは商売でやってるんだから、商売に徹しろよということだろう。頭が悪いから、商売とふだんの生活が一緒だと思っちゃうんだろう。「この人にタメ口をきいたら仲良くなれるんだ」という、自分本位の解釈の仕方があるじゃないか。「この人はタメ口が好きなんだろうな」とか、「タメ口をきいた方が常連さんに見られるんじゃないかな」とか、余計な神経使う女がいるだろう。それは頭が悪いんだよ。やっぱり、客とホステスは違うんだもんな。やっぱり、控えめな女が頭いいということだろう。場を読めるんだからな。場を読めるというか、わかりやすく言うと雰囲気を読める。そういう女がいいんじゃないか。

語弊があるから、声高に言うのもあれなんだけど、この際だから全部吐いちまうと、ピアノを弾く女、バレエをやってた女とかは金持ちが多いじゃない？　そもそも金持ちじゃないとできないんだから。音大生っているじゃない。音大生に惚れない方がいいよね。

気が強い。おしなべて、わがまま。そりゃあそうだよ、お嬢ちゃんだから。わたしなんざ、それで失敗してるから。本当に自分の思い通りにことが運ばないとヒステリーを起こすしな。見てくれはかわいい、ひっそりと。いやいや、ひっそりどころの騒ぎじゃないよ。かわいいんだよ。でもきれいなバラにはトゲがあるじゃねぇけど、気の強いヤツがいるんだよ。下手打つと地獄絵だよ。

だから、一芸に秀でた女は扱うのがたいへんよ。男だってそうじゃない。職人が頑固だっていうだろう。そうじゃねえんだよ。ある種のバカなんだよ。職人はこれを打つことしか脳がねえんだよ。他のことにゃあ、からっきし回らない。回さないしな。そういう生き方の人だから、優先順位の二番手以降がないんだよな。

そういうのは学者みたいなものだよ。鼻たれてようが、何しようが、ウランと結合させたらどうなるか、とかにしか興味が発揮できないだろ。だから、本人にとっちゃあ、社会は関係ないだろう。ペニシリンとはこういうものだろうとかやってるから、飯なんか何でもいいんだろう。まず「ここが大事」って焦点が強く絞れているわけだから。まぁ、ちょっと引いた目で見てみたら、社会ではこの常識が成り立ってないよ。

バイオリンで何とか賞を取ったとかいう人に、普通の可愛さを求めるのは無理だよ。それはやっぱり、しかるべき人たちが結婚するんであって、一般庶民が手出しするところじゃないよな。勝手なことを言うようだけど！

それはいいんだよ、女の好みなんてのは勝手なもんなんだからな。反対に女にとっても男の興味なんて他人から見りゃあ、勝手至極の物語ってヤツでね。わたしは、その女が生きてきた、その歳なりの部分に色気を感じるんだよ。それは一言でいやぁ隠す仕草だろう。

大事なのは恥じらいだよ。たとえば、下腹ぽっこりが出てきました、出りゃいいってもんじゃないよ。出てもいいよ、というヤツだよ。そういう恥じらいのやり取りが色気ってもんの本性だろう。それは培ってきたから自然と出る香りみたいなもんでさ。歴史に惚れてやんなきゃ、ただの物扱いじゃないか、そんなものは。

一番バカな女は「もうどうにもならないわよ」と諦めを言う。そうなっちまうと、「もう女をやめろよ」というニュアンスになっちまうわな。だから、恥ってものが、人をどんだけ豊かにしていくかって話だったりするんだよ。

となると、「恥知らず」って言葉も実に含蓄《がんちく》のある言葉でございますなぁ。

寸法37 女は己の柄に準じて口説け

「いい女だな。やらせろよ。なあ、やらせたら幸せになるよ。オレが幸せだろう。まず二度幸せだ、なあ」

「何バカなこと言ってるのよ」

「何言ってるんじゃないよ。そのうちわかるから。いいから、いいから、飯行こう、飯。いつ行く？　いつ行く？」

もうばんばんだよ。そのうちこっちのペースになっていくんだよ。

「なんだか魔術にかかってるみたいね、私」

「当たり前じゃないか、オレだって大変なんだ。いいから、いいから」

みたいな口説き方、芸人時代はやってたね。「苔の一念岩をも通す」でさ。三回迫って駄目だったら、もうプッと諦める。わたしは見切りは早いのよ。諦める早さは天下一品だから。

そしたら、向こうがふり向くときがあるのよ。

「えーっ。三回しか私を口説かなかった」

「そんなのしょうがないだろう。こっちだって忙しいんだもの」

みたいな。男と女はおもしろいよな。

こういうのもあったぞ。

「どうせおまえに振られたから言うけど、本当はデートなんかするより、まずセックスしたいんだよ。まずヤッてから飯食おうよ。どうせ男は鼻の下伸ばして、我慢して飯食うんだ、先に。映画見たり、飯食ったり手順踏んで。その手順を逆にしない？　まず、ベッドに行って、それから飯食わない？　ゆっくり飯食えるじゃゃん」

「むちゃくちゃ言うわね」

「だから、いいんだよ」

まぁ、我ながらひどいもんだね。と言っても、気障なことを言うのは柄じゃないからさ。


女にモテないヤツに、初歩中の初歩を教えてやろうと思ったら、まず金だよな。金を切るっていうことだよ。身銭を切るということ。それで、やっぱり女に何も相談しないでメニューを決めちゃう。全部に渡ってリーダーシップ発揮。

「うどん、食わないか？　きょう、おれ、うどん食いてえんだ」

「え？」

「嫌か。じゃあ、ステーキか？」

「うどんとステーキでは全然違うじゃない」

「お前次第だよ。じゃあ、うどんでいいだろう」

みたいなことだよ。自分の食いたいもの優先だから。そうやってペースを掴んでいけばいいのよ。女に合わせようとしたってどうせボロが出るし、そんなことに頭を巡らせていてもちっともおもしろくないじゃない。

ひどいこともあったよ、そりゃ。女みたいなのはカッコマンだからな、しょうがないよな。銀座のおネエちゃんが言うわけ。

「じゃあ、明日待ち合わせしようよ」

「どこで」

「じゃあね、『久兵衛』」

「え？　何をほざいてんの君は？」

「何よ？」

「お前な、オレは社用族じゃねえんだぞ、個人でやってるんだぞ、個人商店。そんなヤツが『久兵衛』ですし食えるか。お前、マグロ一貫六〇〇〇円だぞ。コノヤロウ、お前、ふざけてるのか、ばか。お前、常識ないよな。そんなに男に金使わせたいの、お前。ああ、嫌だ、そういう彼女いらない。バイバイ」だよ。

　どこの田舎者かわからないような女が、銀座か何かで小さな見栄を張らせてもらって、そこにちょっとどこかの社用族の阿呆たれがやってきて、領収書もらってすし食って、何が『久兵衛』だ！　って思うよ。もっとまともになれよ、って言いたいよな。

だから、結局、イニシアティヴというのは、好きになった男の側にあるわけだろう。それを忘れちゃいけないよ。モテないんじゃないよ。モテようとしてないんだよ。モテるために言ったら、それはまずは金だよな、簡単に言ったら。

金がない？　金がなかったら我慢しろよ、だよ。一人上手って手があるんだから、一人上手してりゃあいいじゃないかよ。しょうがないよ。そこまでいっても女が欲しいというなら、お前は女を欲しがる権利ないよ。金ったってたいそうな話じゃないんだよ。デート代くらい、きちっとぴぴっと切ってやれという話でさ。

もたもた考えないで、これで今月の小遣いパーだなというくらいの金だよ。サラリーマンにしたって大した金じゃないと思うよ。やってみりゃいいじゃんかよ。そうしたら、モテるよ、絶対。そんなもの、それ以上の法則なんかないような気がするよ。

相手が同僚とかだったらもっと簡単だろう。その子の前では目立たない格好をつける。仕事できるふりをする。ふりだけで通用しないから本当に頑張る。と、まぁそういうことだよな。女は見るからね。縦横斜め、裏表、見る。男以上に見てござる。

あとは、「好きだ、好きだ、好きだ」と、呪文のように言ってればいいんだよ。そうしたら絶対にモテるよ。細かいことばかり考えてるから頭がバカみたいになっちゃうんだよ。

寸法㊳ 美女と野獣は相性がいい

これがねぇ、おもしろいもんで、みんなカラクリに気づいているんだか、気づいてないんだか知らねぇが、美女っているだろう？　お顔が整った美しい女性。あれは、男の顔なんかとんと気にしちゃいねぇんだよ。顔がおブスな女性ほど、男の顔にこだわりが強い。これがうまくできた作用反作用ってもんだよね。

ファッション誌を買う女のことを考えてご覧よ。「美人なあなたをより美しく」。これでは売り上げが知れてるだろう。「ちょっとブサイクなあなたをなんとか美しく」。これは売れるだろう。まぁ、実際そんなキャッチコピーがついた雑誌なんて世の中にないけどな。

美人ってのは、男の顔なんかどうだってよくて、知らないことを知っていたり、話がおもしろかったりするほうが値打ちを感じるらしいね。「美しさは十分ありますので」ってことだよ。人ってないものねだりをするもんで、てめぇで持っているものは、よそから手に入れようとは思わない。これは習性ってもんだね。

周りを見回すと、美男美女カップルなんてのは、そんなに多くないんだぜ。

顔面の造形を一に求めるのはブサイクだけなんだから。だから、オレは美女とのほうが相性がいい。ブサイクとの相性が悪い。モテないモテないって騒いでいるヤツは、逆を行ったら扉が開きやすいんだよ。ブ男なら、美女にアタックすればいいっちゅー話よ。その勇気が出ないだのなんだの、しょうもないこと言って、ブサイクに突撃するから見事にフラれるってだけでさ。

昔々、坂本九さんに「サブ、お前、面食いだろ?」と言われたことがあって、「えっ、わかります?」「ああ、俺もそうだから」。このフカ〜〜イやりとりをわかっていただけますかな? 知り合いの編集者で「ブス殺しの吉田」って男がいるけれど、まぁ、本人はやっぱりかわいい顔してんのよ。勿の論のこと、ブスが好きなんだよなあ。

だって、てめぇの顔を鏡で見てみたらわかることだろう。だいたいはそんなたいそうなお顔を持ってるわけがないんだから。だったら、仕事しろよ。仕事して、稼ぎを上げて、腕を上げて、しないと、モテるわけがない。「あぁ、そうか、だったらオレは仕事だな」

とわかるだろう。オレは自分でそう思ったよ、ちゃんと。いまは、「何もしないのにモテたい。モテるはずだ」みたいになってんだってな。モテないから歩行者天国に車で突っ込みます、みたいなのって考えられないよな。顔面に武器がないヤツは、仕事して、美女に行く、それがうまくできてる流れってもんだろ。

寸法39 別れたい女とはホテルで会え

いまはどうだか知らないが、ある時期、都内の有名どころの何軒かのホテルのフロントマンはみんな金を握らされていた。あと、ホテル最上階のレストランのウェイターな。じゃあ、誰が金を出しているか。それがスクープ写真を狙う某出版社の某編集部でね。芸能人のカップルが来たなら、すぐ電話してチクるわけだよ。おいおい、酷《ひど》い話だろ。ホテルマンシップなんて文化的なもの、この国はあったもんじゃないんだから。まぁ、逆からしたら、プロのパパラッチ根性は見上げたもの、という言い方もあるけどね。こっちからしたら、勘弁してくれよ、となるわな。

そんなこともあってか、なくてか、芸能人がラブホテルで密会するってのは、よくある話だわな。そういう気遣いも仕事のうちというか。そこなら芸能人に都合がいいわけだよ。まぁ、そこでバレちゃった人もいたけどね。

ところが、ホテルで逢って、ホテルで別れを地で行くと、それは別れるわな。「日陰の女」って言葉は、お天道様の下を歩けないって意味。女には辛いよな。

「私たちそれだけなの？」

「なに言ってるんだよ。しょうがないだろう。立場っつってもオレは大したもんじゃないよ、大したもんじゃないけど、オレみたいなもんでも、何か言われちゃうじゃないかよ。勘弁して」

「つまらない」

「勘弁して」

みたいな会話をくり返してると、自然とふられちゃうものらしい。女ってのは、いくつになってもお天道様の下を手ぇつないで歩きたい生き物だからね。だって、女にとっちゃあ、テレビのブラウン管なんかに顔をさらしている芸能人なんかとつき合って、おもしろいわけがないのよ。一時はミーハーの気分が満足するけど、そんなもんはすぐに冷めるからね。

寸法40　女を仕切れる男は女児を孕《はら》ませ、女に甘える男は男児を孕ませる

女姉妹、ってのと、男兄弟、ってのがあるだろう。戦後と違って、どんどん生まれる子供の数も減ってるから、兄弟話もピンと来ない向きが増えてくるかもしれないけどね。これが、女姉妹の人間に訊くと、決まって「親父は亭主関白な男」と言う。逆に男兄弟の人間に訊けば、決まって「なんだかんだで親父はオフクロの尻に敷かれてる」と来るもんだ。疑う方は、試しに周りに訊いてみるといい。

これを訊いたときに、わたしゃハタと膝を打ったね。〝おとこおとこした男〟には女児、〝情けないところがある男〟には男児、ってことじゃねぇかってね。よくコウノトリが運んでくるなんて言ったもんだけれど、男の子と女の子、どっちを運ぶか、そのへんを見てるんじゃないのかね。いや、理屈は知らないよ。でも、私のこれまでの〝聞き込み調査〟だと、どうやら、そうなってるわけでありましてね。サンプル数的に。

そこで、仕切りがちゃんとしてねぇと、女は安心して女の子を産めねぇんじゃないか？という推論が出たわけだよ。だって、女は弱い。男に比べて弱い。守ってやらなきゃあなんねぇわけで。女を守れる男のところだけが、女を授かれる。これはうまくできたもんだな、と。戦争中にゃあ女児が増えたなんていって、人口が減少しそうになったら、女が増えるなんて説もあるそうだけど、男がキリッとしてりゃあ女が産まれ、男がだらしなきゃあ男が産まれる、って誰か学者先生が調べてくれないものかね。

だから、うちには子供はいねぇが、もし作ってたら、女がぽこぽこできてたと思うよ。

寸法41 男の格は玄関で決まる

うだつの上がらないサラリーマンに一番言ってやりたいことはな、外の不始末を家に持って帰るな、ってことだよ。自分の家の玄関の前で切り替えるってことが大事でね。抱えもんは、そりゃあ、誰だってあるわけだよ。しくじりのない人間なんていうわけないよ。けれど、家庭に持ち込むもんじゃあないよ。その一線を決めるだけで、男の格が決まるんだ。うちで愚痴をこぼす前に、処理してから帰れよってことだね。そのために傷を舐め合う仲間ってもんがいるんじゃないか。十分に舐め合えばいいんだよ。いつ果てしなく。自己嫌悪に陥るまで。冗談じゃないっ、て叫んで。

だいたい、家の中の揉めごとなんて、女なんかにオレの仕事がわかってたまるかってもんだろう。だったら、中では口にしなきゃいいわけだよ。スッと家に帰る。ピンポン押す前に、一呼吸するんだよ。

「外の不始末はこの中には入れねぇ」

「見栄と気遣いを小出しにする」

「ニコニコ笑顔で」

それだけつぶやいて、家に入ればいいんだよ。家庭を壊してまで出世や仕事に賭けるというのは、男のコンセプトとして小さいと思うね。家の中は、いつもニコニコしてりゃあいいのよ。女は花なんだから水を差してやんないと駄目だろう。

「いつもと変わらなかったですよ、まさか電車に飛び込むとは思わなかったです」

こう女房には言わせないと。

「そういえば、この頃は暗かったです」

なんて家族に言わせせちゃ駄目だとわたしは思うよ。やっぱりうちはうちだもん。男は表でやってナンボ。

女房だって、ちゃんとした女なら、男は外に出りゃあ、敵ばかりってことはわかると思うよ。男は閾《しきい》を跨《また》げば七人の敵ありってヤツよ。にもかかわらず、自分の旦那が、家の中で外の文句を垂れないねぇなら、やせ我慢してんなってことで、黙って、料理でもなんでも世話するようになるよ。まぁ、そこまで汲める女ならたいしたもんだがね。

昔の男は家では、「メシ、風呂、寝る」の三言しか言わねぇ、なんてよく言ったもんだが、そりゃあ言葉を呑み込んで耐えてるからであってな。やせ我慢を張ってるわけでな。

夫婦ってのが、何でも話せる友達みたいになってきてるらしいけれど、そのよさと引き替えに、同じ分量の何かは失われるわけでしてね。男は家じゃあ、女房に「わかんないなぁ」って言われながら、黙って自分の趣味をやってりゃいいのよ。そうすると、家庭がうまくいく。わたしはそう思うね。わたしはこれまで一切、外のしくじりを家庭に持ち込んだことがないね。家庭は、大事な大事な出撃基地だから、そこんところを大事にしないとでかい仕事はできやしない（余りでかい仕事はやってはいないが）。

　つまり、外の不始末は家に持って帰るな、ってことはだよ、解決してから、家の玄関を開けろ、ってことだろ。しっかり解決をつける癖がつくって話で、一石二鳥での決めごとなのよ。そういうところにちょっと気が付かないと、これが、いつまでたっても同じことの繰り返しにはまっちまって、そうすっと、内でも外でも、ますます格が下がって悪循環。

　手ぶらで、土産ひとつ提げて、家に帰る。うちはパッと明るくさせる。まずは身内から沸かせる。まずは身内を沸かせないでどうするの。それをやるだけで、アナタの人生は一発で変わるよ。で、たまに台所に立って、下手な手料理でも食わしてやんなよ。泣くよ、向こうさんは。熟年離婚なんてなんねぇよ。そりゃあ、愛してもらえるってもんだ。家庭ひとつ、ろくに回せない男に、いい仕事ができますかって話だよ。

寸法㊷　帳尻は「いじめ」で合わせろ

　わたしは自分で自分を褒めるのが大嫌いなんだ。今じゃ、自分にご褒美なんて言うだろ。あれが皆目見当がつかない。なに、ひとり上手をやってんだよ、気持ち悪いとなるだろ。でも気持ちはわかるよ、なんか帳尻が取れてない感じがするんだろうな。だから、自分にご褒美あげて帳尻を取ってるわけだろう。

だいたい、世の中の物事なんて、結局のところ帳尻さえ取れていればいい、シャンシャンってなもんなんだけど、どこに帳尻を合わせるかってことがあるわな。何が帳尻なんだという見解。どこに持っていくかみたいな帳尻感覚。

じゃあそれは、外向けた顔の帳尻合わせができて、そこではホッとするんだけれども、自分の個人の帳尻とズレがあるから、それを埋めるために、ご褒美って話になるんだろう。

そりゃあな、多かれ少なかれ、最終的には自分の腹のうちってことになるよ。納得がいく、とか、合点、得心ってものがないと、腹に落ちない。腹に落ちたところで自分の帳尻が合うってな安心感が欲しいよな。そこまではわかるんだよ。

だがな、わたしの場合は、褒美とはまったく逆方向に行っちゃうね。「自分がバカだ」というので、ちょうど帳尻が取れているような気がする。

自分をかわいがりたくないから。第一、わたし自身にかわいいところもないし。「褒め」よりも「いじめ倒し」のほうが好きだから。自分をいじめる。言っとくけど、他人はいじめないよ。そんなことしてもおもしろくもないもん。自分をいじめるのはおもしろいんだよ。だいたい、猜疑心が強いからな、他人が自分を褒めてくれる言葉に一切耳を貸さないってのもあるよな。あぁそうですか、と言って流していて点検すらしないし。それはあくまで自分の世界のまったく外側にあるものだから。褒め言葉で外側とつながろうともこれっぽっちも思っていないからね、わたしは。

石倉三郎に褒め言葉は馬に念仏よ。かといって、けなされる言葉も一切聞かないよ。放っておいてほしいわけよ。わたしは自分でやってんだから、コツコツコツコツよ。六〇年過ぎて二回しかないからさ。前にも書いたけれど、小学校の謝恩会と、料理の本を出したときと。その二回だけ。

まぁ、それっくらいで丁度いいような気がするけどねぇ。褒めてくれ、とぎゃんぎゃん犬みたいに啼いているのは、恥ずかしいだろ。ガキじゃないんだから。わたしの周りにゃそんなヤツはいないよ。帳尻が合わないなと思ったら、自分を楽しくいじめりゃいいんじゃないの？　「ポッと出だからしょうがねぇなぁ」とでも言いながらだと笑えるよ。

寸法43 何ひとつ残さない

昔、売れない頃、よくデパートの屋上へ行って下を見た。人間が小さく見えるじゃない。子供みたいに見えるし、おもちゃみたいに見える。そこから見えてる人間、たぶん、誰とも会わないんだよ、生涯。不思議だよなぁ。そんな不思議なことってある？ そんなことを考えながら、横を見たらミドリガメかなんか売ってるじゃない。

「こいつ、なんか意味があるのかなぁ、動いているけど」

「生きていることを知っているのかなぁ、知らないなら、むなしいよなぁ」

「オレがいまここから飛び降りて、救急車で運ばれて、死んで終わりだなぁ。ふうん。せっかく役者を志してんだから、新聞にちょっと載りてぇなぁ」

卑しかった、わたし。何か足跡を残したいみたいなことがあったよ。それが、いまはさらさらないね。スーッと消えて行きたい。なんでそう変わったか？

それは、恥ずかしいとは何だろうということを知ったからだ。恥を知った。歳を重ねて、ものを教わってきて、この歳で、明確に恥ということがわかりやすくなってきたんだ。だから、デパートの屋上にいる昔のわたしにこう言える。

「恥ずかしいだろ、おまえ、そんなの！　何を考えてんの！　そんな死んだ後のことをごちゃごちゃ気にする前に、いまはどうやって楽しく生きてるのか。えっ、いまが楽しくないの、おまえ！？」

って言うだけのことだ。いまが楽しくなかったら将来はない。もう一度書くぞ。いまが楽しくなかったら将来はない。明日がないやろう。

なんでそんなことに気が付かなかったのか、オレ。阿呆！　ってな話よ。恥ずかしいよな、おまえ、って。

だから、肝が何かと言えば、悩みごとを抱えないようにすることよ。もう、すぐに処理することにしているよ。早いよ、わたしゃ。

たとえば、誰かがわたしのことを誤解してんじゃねぇのか、って思ったときは、まずすぐに会う。会って、「オレはこれこれこうなんだよ。だからオマエはどう思ってるんだよ」って聞く。早いよ。ものすごく明確にしたいんだ。そうやって、嫌らしいくらいに決めていく。輪郭を。そうすれば「だったら、こうじゃない?」ってな話にもなっていくだろう。それがいいアイデアだったら、「おう、いい話ができたな」ってなもんじゃないか。それができたら、楽しいじゃない。おもしろい一日じゃない。

逆に言えば、できることはそれくらいしかなくてさ。そこに焦点を当てないこと自体が、まず恥ずかしい。そういうことを知ったね。ところがね、今はもうそんなことも思わないですよ。歳をとったお陰で。誤解されようが、どう勘違いされようが、どうだっていい。面倒くさいね。俺のことはそっと放っておいてよ、かな。

寸法44 路傍の徒花でいいじゃないか

人間、オギャーと生まれてきて、端っから「環境論」なんだと思う。環境で性格が決まっていくんだろう。個人的に考えるのは、やくざなんてのはね、親に愛情をもらったなら、ならないよ。愛情に貧乏と金持ちは関係ないからね。やっぱり親に愛情をもらってない子だったらやくざになれるよね。ふつうはやくざにはなれないよ。という気がする。勇気が要るよ、やくざになるのは。言ってみれば、俗世間を離れて坊主になるようなものだから。出家だからな。悪の道に出家ってことだろう。それを何のてらいもなく、それしかないという人がいるわけじゃないか。そらぁもう環境だろう。

生まれ落ちた。親に捨てられた。そんな子供がどうやってまともな道を歩けるよ？「オレを捨てやがって。じゃあ、オレを生まなきゃよかったじゃないか？」ということがずっと残るだろう。

自分事で言えば、こんな貧乏させられて、毎日のように夫婦ゲンカがある家だったけど、わたしゃやくざにはなれなかったしな。「いやぁ、やくざになるほど度胸ないですよ」と昔やくざもんに言ったとき、やくざもんが「やくざなんて度胸のあるやつはひとりもいないよ」と言われたことがあるけどね。「それはまた違うぜ」って。

だから、わたしの基本というのは貧乏に生まれたからあるのであって、もう少しちゃんとした家庭に生まれたらこの芸能界にはいないよ。それは簡単なことよ。

アイドルで来る子たちは、普通の家庭からあまり来ないよな。やっぱり片親だったり、あまりも貧乏だったり、つまり、毎日があまりおもしろくない、どこかいびつな家で生きて来たからこそ、芸能界という華やかなところを見るわけでな。もし、うまいことといったら親の面倒なんか全部見れる、家も建てられる、と思うわけじゃない。普通の健やかな家庭から芸能界なんかには来ないよ。それが芸能界の怪しいところでな。わたしはそういう思いがいまだに消えないよね。まあ、わたしの偏見だけど。

おもしろいのは、年に一回、テレビで必ず「今年消えていった芸能人」というのがある。あれ、おもしろいよな。徒花《あだばな》でいいわけだろ。しょせん、芸能人なんて徒花でいいんだよね。年に一回だけでも、あ、こんなヤツ居たな、みたいな、そういう楽しみ方があるじゃないか。別にバカにするんじゃなくて、「こいつ、何をしてるんだろうな」という楽しみを他人様に与えることができてるってのは、これはすごいことでね。

本人がそれを見ていて、「あぁオレはバカだったな」と思う人もいれば、「なに言ってるんだ、これからだ」と思う人もいるかもしれないし。

だから、この世界は売れてナンボだよ。人様に指を差されてナンボだよね。指を差されてなかったらメシ食えてないんだから。これはわたしたち徒花の宿命だよね。だから、裕次郎さんがその昔、「俳優は、男子一生の仕事じゃない」と言ったのはそこにあるんだよ、とわたしは理解できたわけだ。やっぱり裕ちゃんすごかったなと、さすがだなと。そういうふうに言い切ったんだから。

山口百恵さんが引退したときに、高倉健さんが言ったらしいんだよ。

「百恵ちゃんというのはすごい子だな。一人の男のために全部捨てられるんだから、すごい子だ。そういう気持ちにさせた三浦君もすごい！」

と。それはそう思いますわな。私もよく知っておりやすが、三浦友和サン、酒は強いわ、二枚目だわ、静かだわ、シャイだわ、一緒に呑ンでて、まるで楽しい！　まあ難点をあげろと言われりゃあ、一寸《チョイト》シニカルすぎんだよなあ、シカシ、これが又、彼の魅力になってンだよネー。

高峰秀子さんなんか、

「私は好きで女優やったんじゃないんだ。親戚中、有象無象食わさなきゃいけないから女優なんかやったんだ」

と言うのは、それは正論だろうし、高峰秀子さんというのは、それくらいすごい人なんだと思うよ。それは認めるよ。じゃあ、好きでやってるわたしたちはどうなるんだと。心細さがついて回るじゃないかよ。わたしは自分のために、わたしのためにやってるわ……。小さいわな、全然。みたいなことをも、しみじみ考えるわけだよ。徒花としては。

寸法㊺ 日本に文化を創れ

ま、わたしの解決しない一番の悩みがあるとすれば、なかなか日本の国で俳優の職業に誇りを持つことは難しいってことだな。やっぱり文化がないから。日本文化なんて言ったって、もともと近代日本にゃ文化がないんだよ。芸人や役者なんて、河原乞食なんていう言葉から出発して、テレビができて、なんでもかんでもテレビの中でやり出して、テレビに出る人間は公の人間なんだから身を慎むようにって教育されて、芸人が小さくなって、こんなわけのわからない電気の箱を……いまや電気の板か？ 気にし出して、数字（視聴率）を気にし出して……、この国から本物の芸人なんかすっかりいなくなっちゃった。みんなかわいいやつばっかり。

ま、しょうがなかろうて。人間は生きる権利がありますからね。

「もういいよ。オレ、ここまで来たから、これからはかわいがってもらう」

と言うのもいいでしょ。それは芸人本人のケジメでいいわけだからな。それどころか、いつまでも毒が入って、本音を振りかざしていたら、そいつは日本じゃ、絶対に上には行けない。真実を衝くことがアートだというふうに受け取ってもらえない国だから。

これが、ヨーロッパではむしろそういう人間が食えるんです。アーティストなんだから。日本は食えないです。この文化の差ね。日本は食えないですよ。日本は、だって、文化がいらないんだもの。文化がわからないんだから。そういう歴史なんだよな。

たとえば、日本じゃ、パントマイムとか、三味線、ギター、何でも一芸に秀でた人というのは、それだけではなかなかメシを食えないでしょ。パントマイムなんか特にメシが食えないからね。オペラなんか未だにないでしょ。やっている人間の半分以上がミーハーで、半分が本当のオペラ好きだって言っても、本物の人が飯食えないからね。客を呼ぶ力もないわけだし。とにかく、そういう意味では日本なんていう国は文化に関しては最悪の環境なんだよ。

大相撲が日本の文化？　そうかも知れないけど、ありゃ興行だろう。興行は当たりゃあいいんだから。スポーツじゃないんだし。財団法人にして国とＮＨＫを味方につけたから、文化然としているだけでさ（まあ、相撲はなんだかんだ言っても私は好きなんだけどね）。

昔から要らないんですよ。日本人は文化を必要としていない。昔の一番いい時代では、例えば、大正。夏目漱石とか、あのへんの作家。文明開化の余波を受けて、日本人が何でもかんでも欲しがる。欲しがったときだけなんですよね、文化らしきものがあったのは。それ以降、ないよ。猿まねでここまで来ましたから。

だから、やってるヤツもわけのわからないヤツばかり。芸人はまだいいんですよ。芸の人間で芸事が好きだから。ここはまだいい。ここに群がるサラリーマンプロデューサーが許せない。小汚い権力を笠に着て。「だったら、下《お》ろすぞ」みたいなことを平気で言うんだよ。そこんとこの感性だね、今現在、一番足りていないのは。

だから、小説家にせよなんにせよ、芸に秀でた人は、文化を愛する人は、日本を脱出するわけだよ。「わかってくれない相手と仕事して、わかってくれない客を相手にしていると、なんだか僕、満たされない……」みたいに疲れるんじゃない？　日本相手だと食えないけど、世界相手だと食える、って人がたくさん出てくるよな、そりゃあ。わたしにはその落胆の道理がよくわかるよ。

それこそ、たけちゃんの映画だってヨーロッパで一番ウケているわけだろ。「人間ってものを描ききっている」みたいな評価をされて。

前にフランス人と共演したときに、その俳優さんと、とことん語りあったんだけど、フランスで二〇歳までの子がテレビに出て人気者になるってことはあり得ないんだと言うよ。子供だから。子供に何ができるよ？　かわいらしいだけだろう？

「芸か？　その歌は芸なのか？」

って話だろう。ヨーロッパはそうなんだよ。それにフランスじゃあ、食えない役者やパントマイマーには国が金を出して食わせるからね。次の仕事が決まるまで。簡単に言ってみると、一度役者としてやって、キャリアとして一年間テレビに出たら、その直後に仕事が全くなくなっても、三年間は国がフォローするんだってよ。ギャラの補償。

すごいですよね。その懐の深さ。だから、役者はグレずに済むよ。三年たったら何％かずつ減っていくんだって。結局、一〇年後にはすべてもらい終りになるんだって。国が一〇年間面倒見るっていうんだから。そりゃあ、人が育つ。日本なんか、一本出て浮かれてたって、次がなかったらポンでしょ、もうどこへ行ったたって。

だから、フランスでは一度認められた人間は、落ちついて芸に打ち込めるシステムになっているんだな。

日本の国立劇場、これは歌舞伎だとか海外から来たオペラにしか使わせないみたいでしょ。国立なんだから、もっと末端の一生懸命頑張って飯も食えない、いろんなジャンルの人に使わせてもいいんじゃないの。それは使わせてくれないでしょ。おかしいって。だから、文化がひもじい。

話ついでに言うと、パリの町をジャン・ギャバンが歩くだろ（ちょっと古いかな）。そりゃあ、彼だって町を歩くさ。そうすると、

「あ、ジャン・ギャバンだ、こんにちは」

「こんにちは」

それだけなんだよ。この人はプライベートで自由時間で歩いているんだからさ。日本みたいにギャーって写真を撮ったりしない。それは、その人の芸を認めているってことだろう。芸を認めていて、その本人の人生は人生で別個に尊重しているってことだろ。それは民衆の文化度が高いっていうことよ。じゃあアメリカ。ポール・ニューマンが歩いてたら（これもちょっと古いかな）、

「おう、ポール、メシ食いに行かないか？」

「今日は忙しいんだ」

「そうか、またな」

みたいなことよ。市井のサラリーマンがポール・ニューマンに「メシ食おう」はないだろう。アメリカというのは野放図で無礼な国だぁねぇ。これがヨーロッパから二〇〇年遅れたアメリカで、その属国として、さらにそこから一〇年遅れた日本じゃ、ワーキャーだろ？　ま、そんなこと考え出すと厳しいもんがあるよな。

業界も客も本人たちも、もういったいどうなんだろ？　って話でさ。頭を抱えちゃうよ、わたしみたいなもんは。みなさま、もっと卑下できないものでしょうかね、と。もっとみんな卑下していこうぜ、とシュプレヒコールをあげたいってなもんだね。

寸法46　芸能界を北海道へ移転せよ

フランス絡みの話でもうひとつ。日本はしょうがないんだけど、誰もが東京に憧れますわな。フランス人はパリに憧れない。

「パリに行くヤツはバカだ」と。「あんなごみごみしたところに行ってどうするんだ」と平気で言えちゃうんだよ、フランス人ってものは。

自分の田舎の良さを知ってるんだよ。ボルドーの近くの何とかという村、車で一〇分ぐらいでワイン畑に行ける。そこでうまい酒を飲んで暮らすのが一番云々。さっき出てきた、日本にやって来てわたしと共演したフランス人役者が言うわけ。彼は、母国フランス語も英語も日本語もバリバリのヤツだったんだけどね。田舎に暮らしながら役者で食えているというから、おったまげたね。

「パリなんてエッフェル塔も知らないし」って。

「行ったことがあるのか？」

「二回くらい見ました」って。

「パリに住んでる人間に聞くと、パリの人間もパリには居たかないと。仕事があるからしようがないって」

「じゃあ、金持ちはどこにいるんだよ？」

「金持ちはみんな南仏ですよ。ニースだとか、カンヌだとか、あの辺りにいる。パリには自分の三番目か、四番目のうちを持っている。ちょこっとアパートみたいな。日本みたいに、全員が全員、東京、東京、東京と言うのはおかしいね」

わたしは昔から言ってるんだけど、「東京一極集中をどうにかしよう、首都移転がどうの……」って言うだろ？　そんなら東京から芸能界をどこかよそへ持って行けばいいんだよ。そしたら東京にこんなに人が居っこないから。芸能界の力というのはそこなんだよ。つまり、日本人というのはミーハーがやたら多い。若いミーハーのヤツらが東京に来るのは、東京に芸能界があるからですよ、わたしの暴論としては。

どこでもいいよ、そこにテレビ局、映画会社、全部持って行く。そうしたら、そこはいっぺんに人口が増えるよ。当然、いろんなかっこいいブランドもんの店、いろんなメシ屋、飲み屋、ミーちゃんハーちゃん……、どうよ？　経済効果は計り知れないよ。東京はすっきり静かになるし、政治家の皆様はゆるりと懸命に国家のために働いてくださるだろうし、学生諸君も静かに勉学に勤しむことができるってもんよ。

今だって、多くの時代劇は京都の太秦で撮りますってやってんだから、同じことをやればいいんだよ。

今、時代劇を撮ろうと思ったら、東京では撮れないロケーションなら、茨城とか日光とかで撮るけれども、やっぱり京都ですわな、時代劇は！　初めて京都の撮影があったときの話をするか。

わたしなんか、だいたい約束の一時間前か一時間半には現場に入る性分なんですわな。そりゃ、遅刻のとちりはしたくないし、先手必勝ってもんがあるだろう。空気に馴染ませておくとか、いろいろあるのよ。で、京都のときもずいぶんと早く入って、スタジオをちょろっと覗いていたら、

「オマエ誰だ？」

なんて言うから……、「石倉三郎です。今日はよろしくお願いします」なんて殊勝なもんよ、こっちは。「えらぃ早おますなぁ」なんて言われてさ。そしたら助監督みたいなのが飛んで来て、「控え室でお待ち下さい。呼び出しにあがりますから」。「さよでっか」みたいなことで、控え室に居たら、いざ撮影時間になっても誰も呼びに来やぁしない。アッタマ来てな。帰ったよ、新幹線に乗って東京に。

あとになって、各所からジャンジャン電話がかかってきて、「三郎、一回こらえてくれ」みたいな電話でさ。こっちは舐められるのが一番頭来るからさ。「呼びに来るって言っておいて、呼びに来ないってどういうことだ」。

まぁ、西と東じゃ勝手が違うってことなんだろうけれど、相手にされてないのは辛いぜ。相手にしないんなら、わざわざ京都まで呼ぶなよ、って言いたくもならぁな。わたしにゃわたしの流儀があるからな。結局、間に人が入って、撮影続行ってことになってさ。次のとき「兄ちゃんか、恐いお人は。お手やわらに頼んますえ」とか照明の人が言うわけよ。「おぅ、覚えてくれたんかい」みたいにしてこっちは拗ねてたけど。

まぁ、最初の頃にゃあ、そんなしょっぱい思い出もあったんだけれどもな。

京都では、東京のように役者を甘やかせるみたいなことは一切ないからな。芸を伝えていく伝統の力、人を育てる型、ってもんがあるんだろうな。ピシーッと鍛えられると思うぞ。いまの芸能人はみんな一回、京都で揉まれてくればいいんだよ。

だから、時代劇をどんどん作ったほうがいいと思うぜ、この際。第一、時代劇はおもしろいじゃないの。

京都なんか、ちょんまげ結ったまま、撮影所の近所のレストランに普通に行くんだよ。

絵ヅラとしては最高におもしろいんだけどさ、これが。近所の人も侍がテクテク歩いてるのに慣れてんの。そのまんまでビール飲んで、メシ食って。誰ひとり「サイン、サイン、写真、写真」なんて言わないんだぜ。あそこはまだ文化の香りがあるよ、東京と違ってさ。物を作る側も、見る客の側も。

やっぱり日本なんかアメリカのまねしちゃったからこうなっちゃったけど、本当にヨーロッパのまねすればよかったんだよね。こんなていたらくな国にはならなかったって。

ん？　じゃあ、石倉三郎よ、おまえがフランスへ行けよ、って？

バカヤロウ、オレはシシリー島の生まれじゃい、おフランスなんて行けるかいっ！

締口上

いやはや驚きました。まさか今頃になって、この本の宣伝をしようとは。二〇一六年三月十九日から封切る、小生主演の映画『つむぐもの』に合わせて、又ぞろコノ描き小生の本をもう一度売ろうという、出版社様の意向で只今コノ文を書いてます。ねえ〜皆様！　実にドーモでしょ！？　人生という奴は全く何が起こるか分からない。へへ楽しいですよネ〜！　我ながら久し振りに読み返してみて、ま、その……ハハえ〜と云うことで。

この『つむぐもの』って映画で、介護する側される側を描いてますが、明日は全くもって我身の問題、人生どう生きようと必ず来る話でネ、出来ればボケる前にあの世へ行ければと、誰しも思いますわな。

トコロが世の中そうは上手くない、ですから、まあ先々色々考えて、暗くなるより、今日一日一杯生きて、旨い酒でも飲めたらそれで良しと、わたしなんぞはそう思い続けて生きてます。運が良いんです！　私は。

石倉三郎

粋に生きるヒント

著　者　石倉　三郎
発行者　真船美保子
発行所　KK ロングセラーズ
東京都新宿区高田馬場 2-1-2　〒169-0075
電話（03）3204-5161(代)　振替 00120-7-145737
http://www.kklong.co.jp
印　刷　㈱暁印刷　製　本　㈱難波製本

落丁・乱丁はお取り替えいたします。
※定価と発行日はカバーに表示してあります。
ISBN978-4-8454-0978-5　Printed In Japan 2016

本書は『世間の寸法 四十八手』（平成 20 年 11 月 1 日弊社刊）を
加筆改題したものです。